W0331422

Mosaik bei
GOLDMANN

Buch

Wer rastet, der rostet: Altern ist nicht zwangsläufig mit der Abnahme geistiger Fähigkeiten verbunden. Wissenschaftler haben herausgefunden, dass man den Alterungsprozess im Gehirn nicht nur verlangsamen, sondern sogar rückgängig machen kann. Dieses Buch hilft, das eigene geistige Potenzial optimal zu nutzen und die Gedächtnisleistung noch zu steigern. Mit Hilfe der von den Autoren entwickelten Lern- und Gedächtnisanalyse lassen sich eigene Stärken und die eigene Lern-Gedächtnistyp-Struktur bestimmen, und man lernt so, die individuellen Fähigkeiten besser auszubauen und optimal zu nutzen. Die wichtigsten Gedächtnistechniken und -strategien (z. B. Mind-Mapping und Memo-Maps) werden spielerisch trainiert.

Autoren

Helga Zehetmaier, erste deutsche Gedächtnismeisterin 1997, ist Lern- und Gedächtnistrainerin (Inh. INNOPRO). Wolfram Stanek ist Professor für Automation, Robotik, Feldtheorie, Webdesign und Mnemotechnik an der FH in Koblenz sowie Gastprofessor an internationalen Universitäten für Mechatronik und Creative Power Learning. Er veröffentlichte unter anderem bereits ein Buch mit Gehirntrainerpapst Tony Buzan. Beide Autoren bieten international kreative Seminare für Lern- und Gedächtnistraining an.

Prof. Dr. Wolfram Stanek
Helga Zehetmaier

Gedächtnistraining

Das Erfolgsprogramm
für Neues Lernen und
gegen mentales Rosten

Mosaik bei
GOLDMANN

Die Ratschläge in diesem Buch wurden von den Autoren und vom Verlag sorgfältig erwogen und geprüft, dennoch kann eine Garantie nicht übernommen werden. Eine Haftung der Autoren bzw. des Verlags und seiner Beauftragten für Personen-, Sach- und Vermögensschäden ist ausgeschlossen.

FSC
Mix
Produktgruppe aus vorbildlich bewirtschafteten Wäldern und anderen kontrollierten Herkünften

Zert.-Nr. SGS-COC-1940
www.fsc.org
© 1996 Forest Stewardship Council

Verlagsgruppe Random House FSC-DEU-0100
Das für dieses Buch verwendete FSC-zertifizierte Papier *Munken Print* liefert Arctic Paper Munkedals AB, Schweden.

2. Auflage
Aktualisierte Taschenbuchausgabe August 2005
Wilhelm Goldmann Verlag, München,
ein Unternehmen der Verlagsgruppe Random House GmbH

Dort erschienen unter dem gleichnamigen Titel
und der Nummer 2814
Umschlaggestaltung: Design Team München
Illustrationen: Lohse Design, Büttelborn,
nach Vorlagen von Wolfram Stanek
Satz: Barbara Rabus
Druck und Bindung: GGP Media GmbH, Pößneck
WR · Herstellung: Han
Printed in Germany
ISBN 978-3-442-16716-6

www.goldmann-verlag.de

Inhalt

Vorwort

Wer rastet, der rostet – das gilt auch für unser Gedächtnis. Dabei ist geistige Fitness keineswegs eine Frage des Alters. Vielmehr kommt es auf regelmäßiges Gedächtnistraining, auf Kreativität und auf Lebensfreude an!

Es ist der Geist, der sich den Körper baut.

FRIEDRICH SCHILLER
»Wallensteins Tod«

Wir Menschen sind mit einem komplizierten Biocomputer, unserem Gehirn, ausgestattet. Doch vielen scheint nicht bewusst zu sein, dass eben dieses Gehirn die Schaltzentrale für all unser Tun und Sein ist. Denn hier wird die Entscheidung über unser Alter oder unseren Lernerfolg gefällt. Solange wir geistig fit bleiben, können wir (fast) immer auch über unseren Körper bestimmen. Wenn wir ständig neugierig auf Neues und Interessantes sind, werden wir auch den Willen aufbringen, frisch gesteckte Ziele zu erreichen. Wenn wir uns immer motivieren, Neuem gegenüber aufgeschlossen zu sein, und bereit sind, dazuzulernen, betreiben wir als Ältere aktives Anti-Aging, und als Jüngere wird uns der Lernerfolg beflügeln. In diesem Buch finden Sie – ob Jung oder Alt – viele Möglichkeiten, ein neues Lernen mit Methode und Memo-Maps kennenzulernen und erfolgreich und mit Spaß zu trainieren.

Wir können geistig (altersunabhängig) immer fitter werden, wenn wir die richtigen Methoden anwenden und optimale Gedächtnistechniken einsetzen. Die heutige Informationsflut wird nur dann eine erdrückende Last, wenn wir glauben, uns immer weniger merken zu können. Nehmen Sie die Anregungen dieses Buches bewusst auf, und der Frust über Ihr vermeintlich nicht

Fantasie ist wichtiger als Wissen.

ALBERT EINSTEIN

> Das ganze Leben sollte ein Lernprozess sein, weil ein ständiges Dazulernen eine immer neue Herausforderung für das Gehirn darstellt und so dazu führt, dass sich im Gehirn immer wieder neue Schaltkreise herausbilden.
>
> PROF. ARNOLD SCHEIBEL
> Institut für Gehirnforschung, Kalifornien

so gutes Gedächtnis wird sehr schnell in großen Spaß am Lernen umschlagen. Denn wenn Sie plötzlich zu unerwarteten Gedächtnisleistungen in der Lage sind, ist Ihrer Motivation kaum mehr eine Grenze gesetzt.

Wahrscheinlich werden Sie bei der Lektüre dieses Buches recht schnell zu der Erkenntnis gelangen, dass wir tatsächlich im Schnitt nur wenige Prozent unseres geistigen Potenzials nutzen. Für einen Neuanfang – also auch für erstaunliche Gedächtnisleistungen – ist es nie zu spät. Sobald wir uns einreden, wir wären zu alt für Neues, oder behaupten, wir hätten eben ein schlechtes Gedächtnis, setzt unser mentales Rosten ein. Das Genie Johann Wolfgang von Goethe mag als Beispiel dafür dienen, dass man auch im hohen Alter noch Höchstleistungen vollbringen kann. Bekanntlich hat er Faust II mit sage und schreibe 81 Jahren zu Papier gebracht! Nicht zuletzt auch deshalb, weil er sein ganzes Leben an Neuem aus allen Lebensbereichen interessiert war.

Jung oder alt hat also nichts mit Faltenzählen zu tun. Entscheidend sind die Flexibilität, Emotion und Fitness unseres Biocomputers (die Leistung unseres Gehirns)! Häufig geht es nur darum, die richtigen Verbindungen und Verknüpfungen mithilfe bestimmter Techniken im Gehirn herzustellen, damit wir auf unsere Speicher (Wissen und Erfahrungen) zugreifen können. In diesem Buch finden Sie zentrale Bausteine für ein optimales Anti-Aging Ihres Biocomputers und für ein neues Lernen mit Methode und kreativen Visualisierungsmöglichkeiten.

- Am Anfang steht eine für Sie wichtige Lern- und Gedächtnisanalyse, die Ihnen Ihre momentanen Stärken, geistigen Verbesserungsmöglichkeiten und Ihre Lern-Gedächtnistyp-Struktur aufzeigt.

- Danach werden einige kompakte, einfache Regeln skizziert, mit denen man sein Leben schlagartig erfüllter und gesünder gestalten kann, wodurch man wiederum zu viel besseren Gedächtnisleistungen fähig ist.
- Da die Fitness unseres Gehirns entscheidend für unser ganzes Leben ist, werden ausführlich die wichtigsten Techniken und Strategien, darunter die spannenden Mind-Mapping-Methoden mit fallspezifischen Memo-Map-Kreationen, spielerisch trainiert. Sie finden Tipps, Tricks und Spiele für Ihr tägliches Gehirnjogging.
- Im letzten Kapitel können Sie selbst erfahren, dass auch komplizierter Lernstoff – mit Memo-Maps »merk«-fähig aufbereitet – überraschend einfach in den Kopf zu bekommen ist.

In jedem Menschen steckt ein Genie – die meisten wissen es nur nicht. In diesem Sinne werden Sie beim Lesen dieses Buches selbst erleben, dass Sie zu völlig unerwarteten Gedächtnisleistungen beflügelt werden. Eine unvergesslich schöne Zeit beim Lesen und Trainieren mit diesem Buch wünschen Ihnen

Ihre Helga Zehetmaier und Wolfram Stanek

Mit den in diesem Buch beschriebenen Voraussetzungen, Techniken und Methoden wird Ihnen – weil Sie schnell Erfolge sehen werden – ein lebenslanges Lernen unglaublichen Spaß bereiten können.

WOLFRAM STANEK & HELGA ZEHETMAIER

Kapitel 1

Gebrauchsanweisung für Ihr Gehirn

Das Gehirn – Sitz des Gedächtnisses

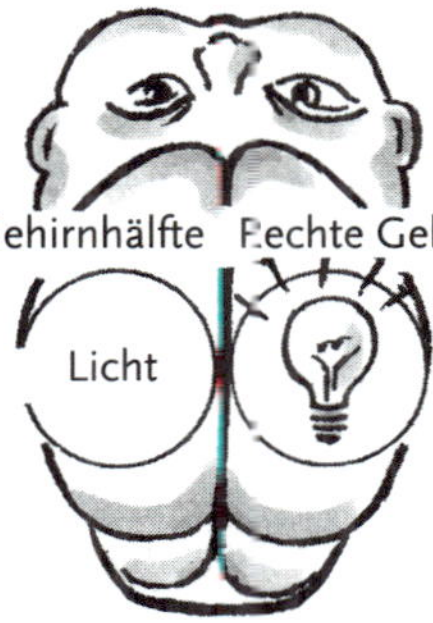

Wenn wir unser Gehirn gezielt trainieren wollen, sollten uns einige Fakten über diesen »Biocomputer« bewusst sein.

Das Gehirn verwaltet alle zentralen sensorischen und motorischen Funktionen unseres Körpers. Neben einem emotionalen »Bauchgedächtnis«, dessen Nerven in direkter Verbindung mit dem Gehirn stehen, ist unser Gedächtnis primär im Kopf angesiedelt.

Unser Gehirn besteht aus zwei Hemisphären, der rechten und der linken, die über ein komplexes Netzwerk von Nervenfasern (Corpus Callosum) miteinander verbunden sind. Die rechte Seite unseres Körpers wird von der linken Gehirnhälfte gesteuert, die linke Seite von der rechten.

Ich habe gelernt, die rechte Gehirnhälfte einzusetzen. Damit macht auch »älteren« Menschen das Lernen wieder Spaß!

Prof. Dr. Helmut König (56)
Biologe, Uni INNOPRO-Seminarteilnehmer

Beide Hemisphären können zur Lösung sehr unterschiedlicher Aufgaben eingesetzt werden: Die linke Gehirnhälfte ist bei fast allen Menschen schwerpunktmäßig für Sprache, Logik, Zahlen, Listen, Regeln, System,

Was uns zum Menschen macht: Ein knapp drei Pfund schweres Organ beherbergt eines der größten Wunderwerke der Natur. Über 100 bis zu etwa einer Billion Nervenzellen arbeiten in dieser Schaltzentrale zusammen. Jede Einzelne von ihnen kann wieder mit bis zu 10 000 oder sogar 100 000 anderen Nervenzellen (!) gleichzeitig Verbindung aufnehmen.

Ordnung, Linearität und Analyse von Einzelheiten zuständig. Die Schwerpunkte der rechten Gehirnhälfte sind vor allem Fantasie, räumliche und bildhafte Wahrnehmung, das Denken in Bildern, Musik, Rhythmik, Tagträumerei, Farben, Parallelität, Synthese (Zusammenfügen von Einzelheiten) und Planen in großen Zusammenhängen.

Es ist wissenschaftlich bewiesen, dass eine gezielte Entwicklung bestimmter brachliegender, bisher nicht genutzter Gehirnfunktionen nicht zu Lasten anderer geistiger Tätigkeiten geht. Ganz im Gegenteil ist ein Synergieeffekt festzustellen, durch den sich alle Gebiete der geistigen Leistung erheblich verbessern. Diese Erkenntnis soll uns gleich vorab die Angst nehmen, Neues dazuzulernen, und uns motivieren, die bei den meisten Erwachsenen eingeschlafene rechte Gehirnhälfte schnell wieder zum Leben zu erwecken.

Während die meisten Kinder primär mit der rechten Gehirnhälfte denken, ist den älteren Menschen im Lauf ihrer Schulzeit und ihres Berufslebens ziemlich konsequent die Schatztruhe »rechte Gehirnhälfte« zugenagelt worden. Deshalb ist ein wichtiges Ziel dieses Anti-Aging-Buchs, die rechte Gehirnhälfte so schnell wie nur möglich wieder aufblühen zu lassen und gleichzeitig auch die mächtigen Funktionen der linken Gehirnhälfte zu trainieren. Denn für eine optimale Ausnutzung unseres Gehirns müssen wir beide Gehirnhälften gemeinsam und ausgewogen einsetzen.

Gehirnjogging und Gedächtnistechniken

Training für unser Gehirn

Nicht nur unser Körper braucht Training, um fit zu bleiben, sondern auch unsere grauen Zellen. Wenn Sie joggen, bewegen und bauen Sie Ihre Körpermuskeln auf. Gehirnjogging ist – wie der Name sagt – Training für unser Gehirn, das vor allem Kurzzeitgedächtnis und Verarbeitungsgeschwindigkeit trainiert.

Unser Gehirn verbraucht deutlich mehr Energie als der übrige Organismus. Während sein Gewicht nur etwa zwei Prozent des Körpergewichts beträgt, nutzt es durchschnittlich 20 Prozent der Gesamtenergie, die unser Körper benötigt.

Gehirnjogging ist mit wenig Aufwand verbunden. Es sind keine bestimmten Vorkenntnisse oder Fähigkeiten erforderlich. Zehn Minuten täglich genügen, wichtig ist nur das regelmäßige Training.

Wie wichtig ein solches Training ist, wird deutlich, wenn wir uns klar machen, dass unser Gehirn die Schaltzentrale von Körper und Geist ist. Ohne es sind wir nicht in der Lage, unseren Körper zu bewegen: Gehen, Stehen, Sitzen bis hin zum Essen, Trinken usw. – alles wird von dieser Schaltzentrale aus gesteuert. Solange wir geistig fit sind, haben wir unser Leben immer im Griff.

Das Lernen lernen

Gehirnjogging stärkt nachweislich die geistige Leistungsfähigkeit, die psychische Stabilität und das Wohlbefinden.

Sie sollten Ihr Gehirn jedoch nicht nur trainieren, sondern ihm auch Hilfsmittel zur Verfügung stellen, die so genannten Gedächtnistechniken. Das sind Methoden, die sich das jeweils unterschiedliche Vermögen von rechter und linker Gehirnhälfte zunutze machen und so die Informationen dauerhaft verankern. In diesem Buch werden zahlreiche Gedächtnistechniken vorgestellt, die das Folgende gemeinsam haben: Allein ihre Anwendung ist Training fürs Gehirn, ihre Wirkung ist ein deutlich besseres Gedächtnis und ihre Ausführung ein spaßvolles Vergnügen.

Lebenslanges Lernen

Nur wenn wir ein Leben lang neugierig und interessiert bleiben, werden wir nicht altern. Lebenslanges Lernen ist die Basis für entsprechenden Erfolg im Beruf und – häufig vergessen – auch im privaten Leben. Nutzen wir die unbegrenzten Fähigkeiten unseres Gehirns und unseres Gedächtnisses richtig, dann wird Lernen zum Spaß, zum »Kinderspiel«. So kann man ohne Übertreibung sagen: Gehirnjogging mit Gedächtnistechniken führt zu einer enormen Motivation, mehr Erfolg, einem erfüllteren und meist auch längeren Leben!

Hervorragende Leistungen Hochbetagter

Giuseppe Verdi war 80 bei der Komposition seines Falstaff, so alt wie Claude Monet, als dieser seine berühmten Seerosen malte. Sigmund Freud lieferte noch mit über 80 bahnbrechende Beiträge zur Psychoanalyse.

Anti-Aging verstehen wir als lebenslanges Lernen für Jung und Alt und sollte – in Anlehnung an eine zentrale Forderung der UNESCO aus dem Jahr 1998 – auf folgenden vier Säulen beruhen:

- »Lernen für das Leben«: Gedächtnistraining, Fantasie, logisches Denken, körperliche Fähigkeiten, Sinn für Ästhetik und Kommunikation
- »Lernen zusammenzuleben«: Die Menschen müssen Verständnis für ihre Mitmenschen, für ihre Geschichte, Tradition und geistigen Werte entwickeln.

- »Lernen zu handeln«: Man sollte seine Arbeit nicht nur schematisch tun, sondern bewusst unterschiedliche Situationen und Aufgabenstellungen bewältigen können und zur Teamarbeit fähig sein.

- »Lernen, um Wissen zu erwerben«: Die ausreichend breite Allgemeinbildung ist der Schlüssel zu einem lebenslangen Lernen (Zum Thema Universalwissen vgl. Seite 130).

In unserem Anti-Aging-Buch für Jung und Alt werden diese vier Säulen mit unterschiedlicher Gewichtung berücksichtigt.

UNIVERSAL
WISSEN
Die Informations- flut erschlägt mich!!!
Mein Gedächtnis ist ein Sieb!
... oder doch nicht?
Wie lerne ich am besten?
Was für ein Gedächtnis- und Lerntyp bin ich?
Lerntyp-Analyse
Brain-power
Gedächtnistyp-Analyse
Memory-power
+ innovative Memo-Techniken
Memo-Mapping + Memo-Speed-reading
Kann ich das?
Jaaa!

Kapitel 2

Bestandsaufnahme – nutzen Sie Ihr Potenzial?

Viele Menschen sind davon überzeugt, dass sich ihr Gedächtnis im Alter zwangsläufig verschlechtert. Dabei wird das vermeintlich gute Erinnerungsvermögen aus jüngeren Tagen häufig verklärt. Neueste Forschungsergebnisse hingegen weisen darauf hin, dass auch ältere Menschen, die ihr Gehirn entsprechend nutzen, dieses sogar physisch so verändern, dass die synaptischen Nervenverbindungen sich vervielfältigen und effektiver funktionieren.

Wer weiß, vielleicht ist Ihr Gedächtnis schon jetzt besser, als Sie ihm zutrauen. Wenn Sie sich in Ruhe mit den folgenden Aufgaben beschäftigen, werden Sie nicht nur eine erste Bestandsaufnahme haben, sondern außerdem feststellen können, welcher Lerntyp Sie sind. Das kann sehr hilfreich sein, um neues Wissen optimal und effizient aufzunehmen. Für diese Analyse haben wir den so genannten LGS-Check entwickelt (Lern-, Gedächtnis- und Stresstypanalyse), durch den wir visuelle, auditive, motorische und emotionale Merkfähigkeiten differenzieren.

Die Nonnen von Minnesota

150 ältere Nonnen eines Klosters, von denen 25 bereits über 90 Jahre alt sind, sind der Beweis, dass man durch geistige Fitness bis ins hohe Alter vital bleiben kann. Sie sind Teil einer Langzeitstudie, die zeigte, dass die Nonnen, die ihr Gehirn durch Lehrtätigkeit und ähnliche Aktivitäten trainieren, länger leben als ihre geistig weniger aktiven Mitschwestern.

Der Lern-, Gedächtnis-, Stresstyp-Check (LGS)

Altern ist keine Krankheit, und mit zunehmendem Alter wird man nicht zwangsläufig senil: 95 Prozent der über 65-Jährigen haben keinerlei geistige Einschränkungen!

Nehmen Sie sich für die folgenden Aufgaben viel Zeit, es ist auch nicht notwendig, alle auf einmal durchzuführen. Die Aufgaben sollen Sie nicht unter Druck setzen, sondern vor allen Dingen Spaß machen. Und grämen Sie sich nicht, wenn Sie sich zunächst schwer tun. Sie fangen doch gerade erst an. Umso mehr Freude werden Sie an den ersten, schon bald eintretenden Erfolgserlebnissen haben. Denn Sie werden im Lauf der Lektüre dieses Buches zahlreiche Methoden und Strategien kennen lernen, mit deren Hilfe Sie Ihre Gedächtnisleistung ohne Stress und Druck verbessern können. Seien Sie versichert: Was Hänschen nicht lernt, lernt Hans allemal!

Gönnen Sie sich zwischendurch ein Päuschen! Ein wohl dosierter Wechsel von Aktivität und Erholung unterstützt Ihr Denkvermögen. Danach können Sie mit frischem Schwung an die Aufgaben herangehen.

Nehmen Sie nun einen Bleistift zur Hand und Papier zum Abdecken. Wenn Sie nicht in dieses Buch schreiben wollen, brauchen Sie einen Block zum Aufschreiben. Bei den Aufgaben soll Ihre Gedächtnisleistung getestet werden und nicht das Ultrakurzzeitgedächtnis, deshalb folgt auf jede Aufgabe eine kurze Ablenkung. Erst dann werden Sie um Ihre Antworten gebeten. Und vergessen Sie nicht: Das ist keine Prüfung, sondern ein Einstieg, der auch Spaß machen soll.

Check 1: Begriffe (visuell-abstrakte Gedächtnisleistung)

Prägen Sie sich folgende zehn Begriffe der Reihenfolge nach ein, verweilen Sie bei jedem Begriff etwa zwei bis drei Sekunden. Decken Sie, um Wiederholungen zu vermeiden, den bereits gelesenen Begriff von oben her ab (siehe hierzu auch Seite 84).

1. Asterix	1.
2. Torero	2.
3. Rauchschwaden	3.
4. Loreley	4.
5. Sauna	5.
6. Spaghetti	6.
7. James Bond	7.
8. Olympisches Feuer	8.
9. Portwein	9.
10. Mozartkugeln	10.

ABLENKUNG

▶ Beginnen Sie mit 20 und ziehen Sie immer 2 ab, bis Sie bei 0 gelandet sind.

Schreiben Sie nun die zehn Begriffe in der richtigen Reihenfolge auf.

1.
2.
3.
4.
5.
6.
7.
8.
9.
10.

Check 2: Begriffe (visuell-bildhafte Gedächtnisleistung)

Prägen Sie sich die folgenden zehn Bilder der Reihenfolge nach ein. Nehmen Sie sich für jedes Bild etwa zwei bis drei Sekunden Zeit. Decken Sie es dann ab und gehen Sie zum nächsten Bild.

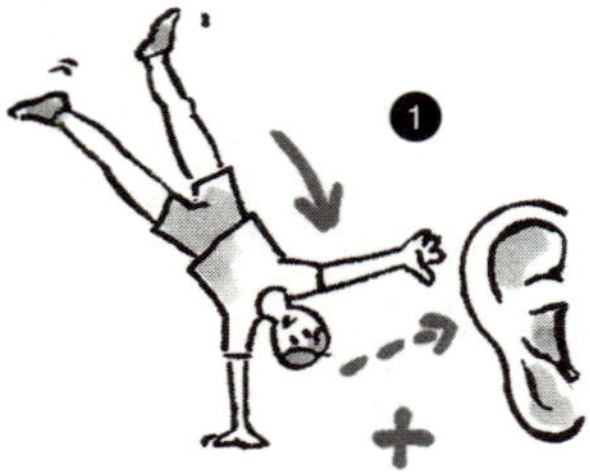

1

2

3

4

5

6

7

8

9

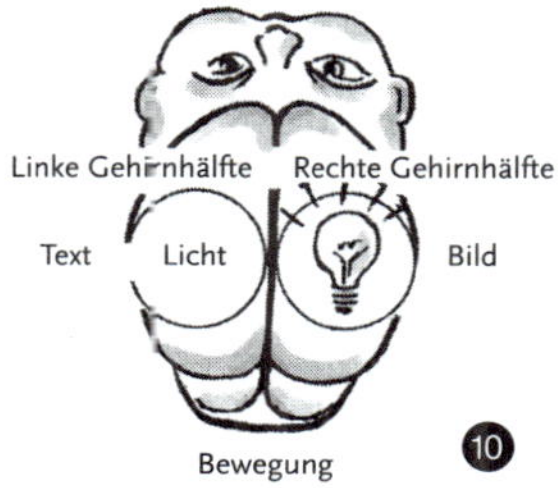

10

ABLENKUNG

► Zählen Sie so schnell wie möglich alle Buchstaben E in den Wörtern dieser Seite.

Geben Sie nun die zehn Bilder in der richtigen Reihenfolge wieder – natürlich bei abgedeckten Abbildungen!

1. _____
2. _____
3. _____
4. _____
5. _____
6. _____
7. _____
8. _____
9. _____
10. _____

Check 3: Zahlen (visuell-abstrakte Gedächtnisleistung)

Prägen Sie sich die folgenden zehn Zahlen der Reihenfolge nach ein, für jede Zahl haben Sie maximal fünf Sekunden Zeit. Decken Sie anschließend die Zahl ab und gehen Sie zur nächsten Zahl weiter.

49 25 79 13 22 56 41 27 05 24

ABLENKUNG

► Sagen Sie die Viererreihe des Einmaleins auf.

Versuchen Sie anschließend, die zehn Zahlen in die folgenden Kästchen einzutragen.

Check 4: Gedicht (visuell-abstrakte Gedächtnisleistung)

Prägen Sie sich in drei Minuten das folgende Gedicht mit Satzzeichen ein.

SELBSTKRITIK
von Wilhelm Busch (1832–1908)

Die Selbstkritik hat viel für sich.
Gesetzt den Fall, ich tadle mich;
so hab ich erstens den Gewinn,
dass ich so hübsch bescheiden bin;

zum Zweiten denken sich die Leut,
der Mann ist lauter Redlichkeit;
auch schnapp ich drittens diesen Bissen,
vorweg den andern Kritiküssen;
und viertens hoff ich außerdem
auf Widerspruch, der mir genehm.
So kommt es denn zuletzt heraus,
dass ich ein ganz famoses Haus.

ABLENKUNG

▶ Der wievielte Buchstabe in unserem Alphabet ist das A? Klar, es ist der erste Buchstabe. Doch der wievielte ist das C, der wievielte das N?

Wie viel ist von diesem Gedicht noch übrig?

Check 5: Namen und Gesichter (visuell-abstrakte und bildhafte Gedächtnisleistung)

Schauen Sie sich die Gesichter etwa drei Minuten lang an und prägen Sie sich die dazugehörigen Namen ein.

Bettina
Naumann

Hans-Peter
Steiner

Dr. Erich
Müller

Klaus
Eckenförde

Dr. Susanne
Döring-Hensler

Traude
Essner

Liselotte
Waldmann

Stephan
Dobinski

Anne-Kathrin
Hedemann

ABLENKUNG

▶ Der wievielte Buchstabe unseres Alphabets ist das F? Der wievielte ist das Q?

Decken Sie nun die linke Seite ab und schreiben Sie unter die Bilder die dazugehörigen Vor- und Nachnamen.

Check 6: Fakten und Daten (visuell-abstrakte Gedächtnisleistung)

Prägen Sie sich folgende Ereignisse und die entsprechenden Jahreszahlen etwa zwei Minuten lang ein.

1879	Erfindung der Glühbirne
1963	ZDF nimmt Sendebetrieb auf
1795	Erfindung des Bleistifts
1895	Gillette erfindet den Rasierapparat.
1964	Martin Luther King erhält den Friedensnobelpreis.

ABLENKUNG

► An welchem Wochentag sind Sie geboren? Welcher Wochentag war der 24. Dezember 2004?

Füllen Sie die unten stehenden leeren Zeilen aus dem Gedächtnis.

Check 7: Wortbildungen (visuell-abstrakte Gedächtnisleistung)

Versuchen Sie, möglichst viele Wörter aus den vorgegebenen Konsonantenpaaren zu bilden (Lösungsvorschläge Seite 213). Die Verdoppelung der Konsonanten ist erlaubt, darüber hinaus dürfen nur Vokale ergänzt werden.

BEISPIEL

Aus den Buchstaben T und M lassen sich folgende Wörter bilden: matt, Matte, Atom, Motte, Miete ...

Pro Zeile haben Sie dreißig Sekunden Zeit.

T und S ______

T und R ______

S und M ______

S und G ______

L und G ______

B und R ______

Sch und R ______

F und L ______

P und P ______

T und F ______

Check 8: Assoziationen (visuell-abstrakte Gedächtnisleistung)

An was denken Sie, was fühlen Sie beim Lesen bestimmter Begriffe? (Lösungsvorschläge Seite 213)

BEISPIEL

Wenn Sie das Wort »rot« sehen, haben Sie möglicherweise folgende Assoziationen: rote Karte (Fußball), Ampel, Blut, Rotlichtviertel, Herz ...

Nehmen Sie sich nun für jede Zeile dreißig Sekunden Zeit.

1. hoch =
2. Zimmerpalme =
3. stark =
4. schnell =
5. schön =
6. Gehirn =
7. Religion =
8. Schnee =
9. süß =
10. Tagesschau =

Check 9: Assoziationen (visuell-bildhafte Gedächtnisleistung)

Erster Schritt: Konzentrieren Sie sich jeweils dreißig Sekunden auf folgende drei Symbole. Wie viele bildhafte Assoziationen und Emotionen entstehen vor Ihrem inneren Auge?

Zweiter Schritt: Nehmen Sie sich jeweils dreißig Sekunden Zeit. Welche Assoziationen haben Sie bei folgenden vier Bildern? Jedes Bild hat einen sinnvollen Hintergrund.

Wenn Sie Fakten nicht nur im Kurzzeitgedächtnis verankern wollen, müssen Sie Querverbindungen schaffen. Dafür ist assoziatives Denken unabdingbar. Forschungen haben erwiesen, dass unser Gehirn bildhafte Vorstellungen langfristig am besten speichert.

Check 10: Begriffe (auditive Gedächtnisleistung)

Für diese und die folgenden Übungen brauchen Sie einen Partner. Lassen Sie sich von ihm zehn Begriffe in etwa zwei bis drei Sekunden Abstand vorlesen. Vorschläge finden Sie auf Seite 214.

ABLENKUNG

► Sagen Sie die Achterreihe des Einmaleins auf.

Tragen Sie nun die zehn vorgelesenen Begriffe in unten stehende Tabelle ein.

1.	6.
2.	7.
3.	8.
4.	9.
5.	10.

Check 11: Zahlen (auditive Gedächtnisleistung)

ABLENKUNG

Lassen Sie sich von Ihrem Partner im Zwei- bis Dreisekundentakt zehn zweistellige Zahlen vorlesen (Vorschlag Seite 214).

► Der wievielte Buchstabe des Alphabets ist das J?

Tragen Sie nun die zehn zweistelligen Zahlen in die vorgegebenen Kästchen ein.

Check 12: Musik und Geräusche (auditive Gedächtnisleistung)

Hier haben Sie die freie Wahl, ob Sie von einem Radiosender zum anderen springen oder aber lieber in eine unbekannte CD reinhören möchten. Sie können auch durch die Fernsehprogramme zappen, allerdings dürfen Sie dann nicht hinschauen, denn es geht ja um einen rein auditiven Check.

Auch diese Übung ist leichter mit einem Partner durchzuführen, der die Aufgabe vorbereiten, mitschreiben und überprüfen kann.

Machen Sie zehn Hörproben von jeweils etwa zehn Sekunden.

ABLENKUNG

► Wie oft findet sich der Buchstabe S auf dieser Seite?

Schreiben Sie in die folgende Tabelle zehn Stichworte, die Sie an das Gehörte erinnern.

1.	6.
2.	7.
3.	8.
4.	9.
5.	10.

Check 13: Gerüche (olfaktorische/ emotionale Gedächtnisleistung)

Lassen Sie sich von Ihrem Partner zehn verschiedene Dinge mit unverkennbarem Geruch vor die Nase halten. Das kann eine Zwiebel sein, ein Gewürz, ein Parfüm, eine Ledertasche oder auch etwas aus Ihrem Garten. Beschnuppern Sie diese Gegenstände – natürlich mit verbundenen Augen – etwa zwei bis drei Sekunden.

ABLENKUNG

▶ Die Neunerreihe des Einmaleins, bitte.

Tragen Sie in die Tabelle die Gegenstände ein, die Sie mit Ihrer Nase erkannt haben.

1.	6.
2.	7.
3.	8.
4.	9.
5.	10.

Check 14: Gegenstände (taktile/motorische Gedächtnisleistung)

Bitten Sie Ihren Partner um zehn verschiedene Gegenstände aus Ihrem Umfeld. Betasten Sie diese für jeweils etwa zwei bis drei Sekunden – natürlich wieder mit verbundenen Augen.

► An welcher Stelle des Alphabets steht das L?

Tragen Sie nun in die Tabelle die ertasteten Gegenstände ein. Falls Ihnen eine Bezeichnung sozusagen auf der Zunge liegt, das Wort aber nicht griffbereit ist, zeichnen Sie eine kleine Skizze.

1.	6.
2.	7.
3.	8.
4.	9.
5.	10.

Und schon haben Sie es geschafft!

Wo liegen meine Stärken? Auswertung des LGS-Checks

Tragen Sie nun Ihre Punkte ein:

Check 1
Punkte: 80

Begriffe (visuell-abstrakt). Für jeden richtigen Begriff an der richtigen Stelle erhalten Sie zehn Punkte, für jeden richtigen Begriff an der falschen Stelle fünf Punkte.

Check 2
Punkte: 60

Begriffe (visuell-bildhaft). Für jedes richtige Bild an der richtigen Stelle erhalten Sie zehn Punkte, für jedes richtige Bild an der falschen Stelle fünf Punkte.

Check 3
Punkte: 25

Zahlen (visuell-abstrakt). Für jede richtige Zahl an der richtigen Stelle erhalten Sie fünf Punkte.

Check 4
Punkte: 47

Gedicht (visuell-abstrakt). Für jedes richtige Wort und jedes richtige Satzzeichen an der richtigen Stelle erhalten Sie einen Punkt, für jede korrekte Jahreszahl zehn Punkte.

Check 5
Punkte: 75

Namen und Gesichter (visuell-abstrakt und bildhaft). Für jeden richtigen Vornamen erhalten Sie fünf Punkte, für den Nachnamen ebenfalls fünf Punkte.

Check 6
Punkte: 90

Fakten und Daten (visuell-abstrakt). Für jeden sinngemäß richtigen Text und jede richtige Jahreszahl an der richtigen Stelle erhalten Sie jeweils zehn Punkte.

Check 7
Punkte: 42 34

Wortbildungen (visuell-abstrakt). Für jedes gefundene Wort erhalten Sie zwei Punkte.

Assoziationen (visuell-abstrakt). Für jedes gefundene Wort erhalten Sie zwei Punkte.

Check 8
Punkte: 104

Assoziationen (visuell-bildhaft). Für jedes gefundene Wort pro Symbol und Bild erhalten Sie jeweils zehn Punkte.

Check 9
Punkte: ________

Begriffe (auditiv). Für jeden richtigen Begriff an der richtigen Stelle erhalten Sie zehn Punkte, für jeden richtigen Begriff an der falschen Stelle fünf Punkte.

Check 10
Punkte: ________

Zahlen (auditiv). Für jede richtige Zahl an der richtigen Stelle erhalten Sie fünf Punkte.

Check 11
Punkte: ________

Musik und Geräusche (auditiv). Für jede richtige Bezeichnung an der richtigen Stelle erhalten Sie zehn Punkte, für jede richtige Erklärung an der falschen Stelle fünf Punkte.

Check 12
Punkte: ________

Gerüche (olfaktorisch/emotional). Für jeden Gegenstand an der richtigen Stelle erhalten Sie zehn Punkte, für jeden richtigen Gegenstand an der falschen Stelle fünf Punkte.

Check 13
Punkte: ________

Gegenstände (taktil/motorisch). Für jeden richtigen Gegenstand an der richtigen Stelle erhalten Sie zehn Punkte, für jeden richtigen Gegenstand an der falschen Stelle fünf Punkte.

Check 14
Punkte: ________

Übertragen Sie nun Ihre in den 14 Checks erzielten Punkte in nachfolgende Tabelle als Balkendiagramm. Wenn Sie dabei die 14 Spalten so hoch schraffieren, wie

Sie in den einzelnen Checks Punkte erreicht haben, sehen Sie auf einen Blick Ihre momentanen Stärken.

Check 1	Check 2	Check 3	Check 4	Check 5	Check 6	Check 7	Check 8	Check 9	Check 10	Check 11	Check 12	Check 13	Check 14	
L	R	L	L	L+R	L	L+R	L+R	R	L+R	L	R	R	R	
80	60	25	47	75	90	42	104							100
														50
														0

Ergebnisse der 14 Einstiegs-Checks. Dies ist ein erster Überblick über Ihre momentanen Lern- und Gedächtnisfähigkeiten. Ihre persönliche Veranlagung haben Sie so als aussagekräftiges Balkendiagramm vor Augen.

Rechts oder links?

Vermutlich werden Sie feststellen, dass Sie bei einigen Tests deutlich mehr Punkte erzielt haben als bei anderen. Wahrscheinlich haben Sie – wie viele ältere Menschen – vor allem Ihre linke Gehirnhälfte eingesetzt und die rechte eher vernachlässigt.

Mit dem folgenden Diagramm können Sie herausfinden, ob Sie die Checks schwerpunktmäßig mit der linken, mit der rechten oder – was optimal wäre – mit beiden Gehirnhälften gleichmäßig durchgeführt haben.

Tragen Sie Ihre erzielten Punkte in nachfolgende »Spinne« (auch Radardiagramm genannt) nach folgendem Muster ein:

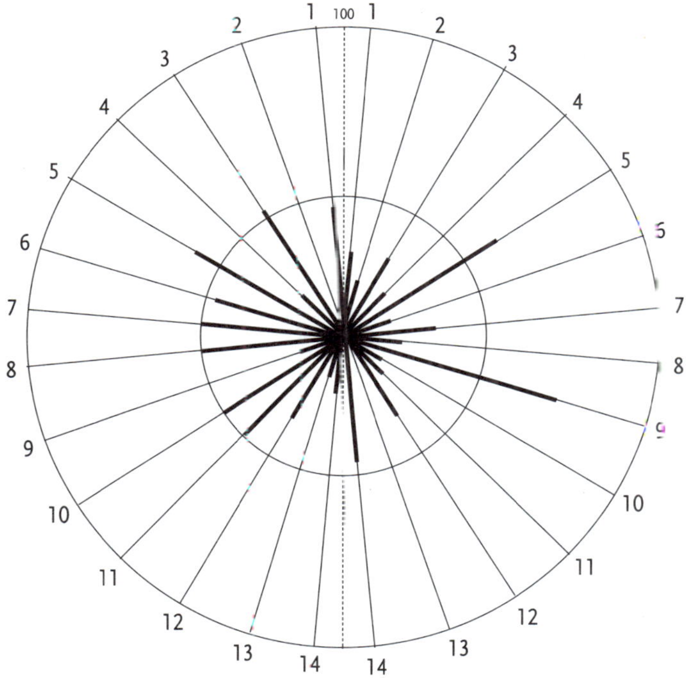

Die linke Seite der »Spinne« stellt den schwerpunktmäßigen Einsatz der linken Gehirnhälfte (Nummerieren, Zahlen, Strukturen, System, Ordnung, Worte, Logik ...) dar. Die rechte Seite weist auf den primären Einsatz der rechten Gehirnhälfte hin (Bilder, Farben, Fantasie, Kreativität, Emotionen, Rhythmik, Musik ...). Beide Hälften setzen sich entsprechend der Checks aus 14 Strahlen zusammen. Wenn Sie zum ersten Mal mit diesem Buch arbeiten, werden Sie die Zahlenchecks (Check 3 und 11) wohl ohne Einsatz von Gedächtnis-Codes, d. h. ohne

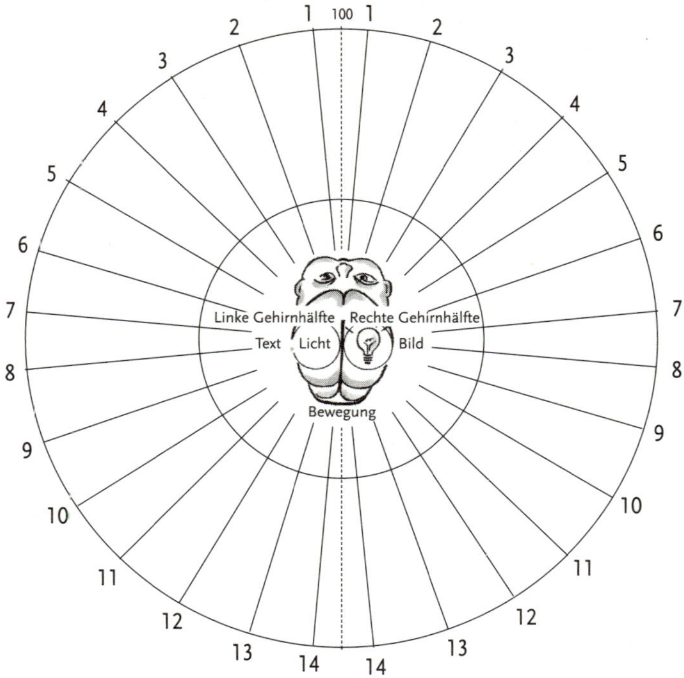

spezielle Zahlen-, Buchstaben- oder Anker-Bilder gemeistert haben (vgl. Seite 72). Tragen Sie deshalb die in diesen Checks erzielten Punkte auf dem dritten und elften Strahl in die linke Spinnenhälfte ein. Sollten Sie sich aber zu den entsprechenden Zahlen bereits Assoziationen gemacht haben, tragen Sie Ihre Punkte zusätzlich auf dem dritten und elften Strahl der rechten Spinnenhälfte ein. Bei Check 2 hingegen (vorgegebene Bilder) haben Sie wahrscheinlich nur die rechte Gehirnhälfte eingesetzt. Tragen Sie deshalb Ihre erzielten Punkte auf den zweiten Strahl in die rechte Spinnenhälfte ein.

In dieser Art sollten Sie nun alle Checks eintragen. Wahrscheinlich wird ein Muster entstehen, das Sie auffordert, Ihre rechte Gehirnhälfte ab sofort wesentlich stärker als bisher einzusetzen. Hunderte von Auswertungen haben gezeigt, dass bei Kindern die visuell-bildhaften Tests im Vergleich zu Daten oder Fakten wesentlich besser ausfallen, während bei den Erwachsenen oft das Gegenteil der Fall ist.

Wir möchten Ihnen mit diesem Buch helfen, Ihre Kreativität, Ihre Fantasie und Ihre Emotionen so anzuregen, dass die über Jahre eingeschlafene Fähigkeit recht schnell wieder zum Leben erweckt wird. So werden Sie spielerisch lernen, wie man aus Zahlenkolonnen merkfähige, das heißt »merk«-würdige Bilder machen kann. Wenn Sie diese Zahlen-Bilder-Gedächtnistechnik einsetzen, werden Sie eine erstaunliche Erfahrung machen: Jahrzehntelang mögen Sie fälschlicherweise der Meinung gewesen sein, ein schlechtes Zahlengedächtnis zu haben. Dabei können auch Sie mit dem Einsatz der rechten Gehirnhälfte von heute auf morgen zum »Zahlengenie« werden.

Machen Sie sich eines bewusst: Ihre erzielten Punkte in den 14 Checks spiegeln nur den Ist-Zustand Ihrer Gedächtnisleistung wider, der allerdings möglicherweise schon jahre- oder jahrzehntelang anhält. Wenn Sie die vorgeschlagenen Grundregeln und Techniken für ein optimales Gedächtnis umsetzen, können Sie Ihre Gedächtnisleistung – altersunabhängig(!) – um ein Vielfaches steigern! Im Lauf des Lebens nimmt die Erfahrung im Umgang mit neuen Eindrücken zu. Sie haben gelernt, Informationen zu filtern und Wichtiges von Unwichtigem zu trennen, das heißt Sie speichern die Dinge ab, die Ihnen wesentlich erscheinen – und das ist ein großer Vorteil.

Ist Ihnen auch schon aufgefallen, dass Ihnen Dreijährige beim Memoryspiel den Rang ablaufen können? Der Grund liegt in der selbstverständlichen Nutzung der rechten Gehirnhälfte, die von den meisten Erwachsenen sehr stiefmütterlich behandelt wird.

Das Selbstvertrauen spielt bei der Aufnahme von Informationen eine wichtige Rolle. Damit Sie sich erinnern, ist es ganz wesentlich, dass Sie sich diese Fähigkeit zutrauen. Wir helfen Ihnen dabei mit diesem Buch.

Was kann ich schnell verbessern?

Non scholae, sed vitae discimus. Nicht für die Schule, sondern für das Leben lernen wir. Diese Weisheit haben Sie schon lange verinnerlicht, und die Tatsache, dass Sie unser Buch zur Hand nehmen, zeigt: Sie haben erkannt, dass breitbandiges Lernen viel Spaß macht und Sie auch in allen Lebenslagen weiterbringen kann.

Auch ohne Kenntnis spezieller Gedächtnistechniken und Strategien können Sie Ihre Gedächtnisleistung schlagartig gewaltig steigern, wenn Sie folgende zwei Ratschläge verinnerlichen und ab sofort konsequent umsetzen:

1. Machen Sie aus allem, was Sie hören, lesen und (farb- und emotionslos) sehen, plastische, farbige, bewegte, mit Emotionen behaftete Bilder, die so automatisch in der rechten Gehirnhälfte verankert werden.
2. Versuchen Sie alles – zumindest grob – zu ordnen, damit es nicht unsortiert und somit unauffindbar in einem großen Gedächtniseimer landet. So werden die Dinge in der linken Gehirnhälfte verankert.

Wir helfen Ihnen, Ihre rechtshirnige Fantasie, Ihre Emotionen und Ihre Kreativität so anzuregen und zur Entfaltung zu bringen, dass Ihre über Jahre vielleicht eingeschlafene Fähigkeit, in plastischen Bildern zu denken, schnell wieder zum Leben erweckt wird.

Zusammen mit Ihren ohnehin schon ausgeprägteren linkshirnigen Fähigkeiten wird Ihr Gedächtnis dank des gleichzeitigen Einsatzes beider Gehirnhälften richtig aufblühen. Damit Sie besonders viel Nutzen aus diesem Buch ziehen können, werden im folgenden Kapitel – auch Bezug nehmend auf die Checks – wichtige Hintergründe zum Lern- und Gedächtnistyp und dem damit verbundenen Stresstyp skizziert.

Wie mache ich mir meinen LGS-Typ zunutze?

Lerntypen

Beim Aufnehmen, Verarbeiten und Wiedergeben von Informationen ist es sinnvoll, sich der unterschiedlichen Lern- und Gedächtnistypen bewusst zu sein. Lerntypen können grob in visuelle, auditive, motorische und emotionale Typen unterteilt werden. Der LGS-Check wird Ihnen gezeigt haben, welcher Lerntyp Ihnen am ehesten entspricht. Damit sind Sie schon einen ganzen Schritt weiter. Bedenken Sie dabei, dass kein Lerntyp in Reinform vorkommt. Wenn Sie folgende Ratschläge beherzigen, werden Sie sich beim Lernen noch leichter tun und dabei auch noch Spaß haben.

Visueller Lerntyp: Die Checks 1 bis 9 sind Ihnen recht leicht gefallen. Unterstützen Sie diese Fähigkeit und machen Sie sie sich zunutze. Tun Sie Ihren Augen etwas Gutes. Achten Sie auf die Farbe Ihrer Wände, Vorhänge, Bilder, überdenken Sie Ihre komplette Einrichtung. Wie steht's mit Ihrem Fernsehgerät? Verursacht Ihnen das Flimmern ein Unwohlsein? Sie reagieren sicher empfindlicher darauf als viele Ihrer Mitmenschen. Vielleicht brauchen Sie an Ihrem Arbeitsplatz den Blick ins Freie, ins Grüne? Um etwas in Ihrem Gedächtnis zu speichern, sollten Sie es ansehen, möglicherweise sogar malen, skizzieren oder aufschreiben. Machen Sie sich – im eigentlichen Wortsinne – ein Bild von der zu speichernden Information.

Auditiver Lerntyp: Die Ergebnisse in den Checks 10 bis 12 weisen darauf hin, dass Sie vor allem auf Sprache und Klänge reagieren. Tun Sie deshalb Ihren Ohren etwas Gutes. Achten Sie auf Umweltgeräusche. Das Rauschen im Radio, der Rasenmäher nebenan, der Straßenlärm geht Ihnen sicher schneller auf die Nerven als anderen. Sie sollten an Ihrem Arbeitsplatz die Fenster schließen und für Ruhe oder – falls Ihnen angenehm – eine schöne Hintergrundmusik Sorge tragen. Dinge, die Sie in Ihrem Gedächtnis speichern wollen, sollten Sie sich anhören. Sie können sie sich vorlesen oder erzählen lassen, darüber diskutieren. Auch laute Selbstgespräche sind von Vorteil oder sprechen Sie selbst auf eine Kassette. Nutzen Sie Reime und Wortspiele.

Motorischer Lerntyp: Mit Check 14 sind Sie bestens zurechtgekommen? Dann verarbeiten Sie Informationen am besten durch eigenes Tun, wenn Sie in Bewegung sind, mit den Fingern spüren usw. Motorische Typen sind Macher. Zwar kann man theoretisch wissen, wie man einen Kuchen backt, deshalb mag das Ergebnis dennoch danebengehen. Theoretisch kann man wissen, wie man eine Hose näht, deshalb muss sie praktisch noch lange nicht passen. Konfuzius hat das sehr treffend ausgedrückt: »Was du mich tun lässt, das verstehe ich.« Auch die Redensart »von der Hand in den Verstand« ist wie für den motorischen Lerntyp gemacht.

Wichtig für diesen Lerntyp ist, auch eine zweite Stärke einzusetzen, sei diese zum Beispiel visuell oder auditiv. All dies gilt ebenso für taktil-motorische Typen, wenn bei diesem »Begreifen« die Bewegung im Vordergrund steht.

Emotionaler Lerntyp: Sie erfassen vieles vor allem über Empfindungen, deshalb ist Ihnen Check 13 sicher leicht gefallen. Sie setzen alle Ihre Sinne ein und beschränken sich nicht auf Hören und Sehen; Schmecken und Riechen sind von gleicher Bedeutung. Zum letztgenannten Sinn zählt also auch der olfaktorische Typ. Testen Sie Ihre Nase! Wenn Sie eine ausgeprägt empfindliche Nase haben, tun Sie ihr etwas Gutes. Sorgen Sie dafür, dass es an Ihrem Arbeitsplatz immer gut duftet. Dieser Sinn geht direkt in unser Gehirn. Ein Neugeborenes beispielsweise findet allein mit dem Geruchssinn die Brust der Mutter. Die Wirkung dieses Sinnes ist oftmals stärker, als wir annehmen. Nicht von ungefähr gibt es die Redensart »jemanden nicht riechen können«. Helga Zehetmaier beispielsweise trifft jeden Morgen im Bus einen älteren Herrn. Kürzlich traf sie diesen Mann am Wochenende in der Stadt, und ihr erster Gedanke war: »Iiih, das ist doch der komische Kauz aus dem Bus« – dabei hat sie niemals ein Wort mit ihm gewechselt und kann sich deshalb auch kein Urteil erlauben. Woher rührt also diese Ablehnung? Als er an ihr vorüberging, klärte sich das unangenehme Gefühl auf: Eine Knoblauchwolke hüllt sie ein. Deshalb also konnte sie ihn nicht riechen. Dabei ist er ja wahrscheinlich ganz nett.

Emotionen sind für das Lernen und Denken unerlässlich. Erst die subjektive Bewertung eines Sinneseindrucks macht ihn bedeutsam. Je stärker eine Emotion desto »merk«-würdiger die Information.

Das beste Gedächtnis hat bekanntlich die Nase.

KURT TUCHOLSKY

Taktiles »Begreifen« (Betasten) zählt dann zum emotionalen Lerntyp, wenn nicht das mechanische Begreifen im Vordergrund steht. Beim Befühlen einer schönen Pflanze, beim Streicheln eines niedlichen Tieres oder eines lieben Menschen kommen vorrangig Emotionen ins Spiel.

Fest steht generell, dass Emotionen das Gedächtnis

besonders gut füttern und Dinge unvergessen machen. Sorgen Sie deshalb bei allem, was Ihnen wichtig ist, für angenehme, »merk«-würdige Emotionen. Diese können natürlich auch durch wohltuende Musik und Worte (auditiv), durch schöne Landschaften, Tiere und Menschen (visuell) hervorgerufen und verstärkt werden.

Gedächtnistypen

Informationen lassen sich noch besser verarbeiten, wenn Sie zusätzlich die persönlichen Ausprägungen Ihres Gedächtnistyps einsetzen. Generell lassen sich vier Gedächtnistypen unterscheiden.

Semantischer Gedächtnistyp: Sie verfügen über ein breites Wissen aus der Schule, eine umfassende Allgemeinbildung; generelle Zusammenhänge erfassen Sie rasch. Diese Veranlagung kann, wie wir noch in diesem Buch sehen werden, außergewöhnlich gut für Ihr Gedächtnis eingesetzt werden. Das Gedächtnis ist ein Speicher des Universalwissens (siehe auch Seite 130).

Episodischer Gedächtnistyp: Sie können sich gut an persönliche – oft nur singuläre – Ereignisse, Erlebnisse und bestimmte Fakten erinnern. Diese Fähigkeit können Sie hier trainieren und für eine schlagartige Steigerung Ihrer Gedächtnisleistung einsetzen.

Gedächtnis, das ist Fantasie mit Bewusstsein.
IMMANUEL KANT

Prozeduraler Gedächtnistyp: Sie sind in der Lage, mechanische und motorische Fertigkeiten und Handlungsabläufe schnell nachzuvollziehen bzw. zu verinnerlichen.

Dies ist nicht zu verwechseln mit dem motorischen Lerntyp: Beispielsweise können Sie gedanklich sofort die einzelnen Ballwurfphasen beim Jonglieren erfasst haben. Der Schritt zum realen Jonglieren fällt jedoch vielen recht schwer.

Priming-Gedächtnistyp: Sie haben für jede Lebenslage einen mächtigen Joker in der Hand, denn Sie erinnern sich anstrengungslos an ähnlich erlebte Situationen und Sinneseindrücke. Eine Zimmerpalme mag Sie an Ihren letzten Strandurlaub, ein dynamisch aus dem Wasser springender Delphin an die Gesetze der Hydrodynamik erinnern usw. Sie sehen an diesen Beispielen, dass das Priming-Gedächtnis eng mit den anderen Gedächtnistypen verknüpft ist.

Stresstypen

Ihr Lern- und Gedächtnistyp hat auch einen bestimmten Stresstyp zur Folge: Ein ausgeprägt motorischer Lerntyp wird sich durch eine sportliche Hochleistung besser entspannen und effektiver abschalten können als ein primär auditiver Typ. Nehmen Sie Rücksicht auf Ihre individuellen Anlagen. Was Ihrem Partner gut tut, mag für Sie gerade der falsche Weg sein: Wenn Sie sich beispielsweise als ausgeprägt emotionaler Lerntyp in hoher Stressphase zur Entspannung auch noch in einen Marathon begeben wollen, ist der Absturz vorprogrammiert. Zu unterschiedlichen Stressarten und empfohlenen Entspannungsmethoden siehe auch Seite 59.

Wer rastet, der rostet. Das gilt nicht nur für die Muskeln, sondern auch für die grauen Zellen. Untersuchungen haben gezeigt, dass schon ein zehnminütiges tägliches Gehirntraining ausreicht, die geistige Spannkraft zu fördern.

Nutzen Sie die gewonnenen Erkenntnisse und arbeiten und lernen Sie – in und mit diesem Buch – Ihrem Lern- und Gedächtnistyp entsprechend. Schneiden Sie jeden Lern- und Arbeitsstoff darauf zu; berücksichtigen Sie dabei auch die Hinweise auf Ihren Stresstyp. Da die meisten Menschen unterschiedlich ausgeprägte Mischtypen sind, sollten Sie parallel Ihre momentan weniger ausgeprägten Lern- und Gedächtnistyp-Schwerpunkte ausbauen und optimieren.

Kapitel 3

ABCDE – mit fünf Buchstaben zum besseren Gedächtnis

Fitness und Gedächtnis – untrennbare Einheit für ein optimales Anti-Aging

Allzu oft vergessen wir, dass wir die in uns schlummernden Fähigkeiten nur dann optimal entfalten können, wenn wir körperliche und geistige Fitness als Einheit sehen. Wissenschaftlich ist eindeutig erwiesen, dass wir – ob Alt oder Jung – durch eine konsequente Umsetzung des ABCDE-Modells viele Jahre länger leben, geistig leistungsfähiger und zufrieden sein können.

Wenn Sie sich folgende Erkenntnisse zu Eigen machen, müssen Sie sich in Zukunft lediglich die ersten fünf Buchstaben des Alphabets in Erinnerung rufen, um festzustellen, was Sie im Moment vielleicht vernachlässigen. Gehen Sie sofort dagegen an!

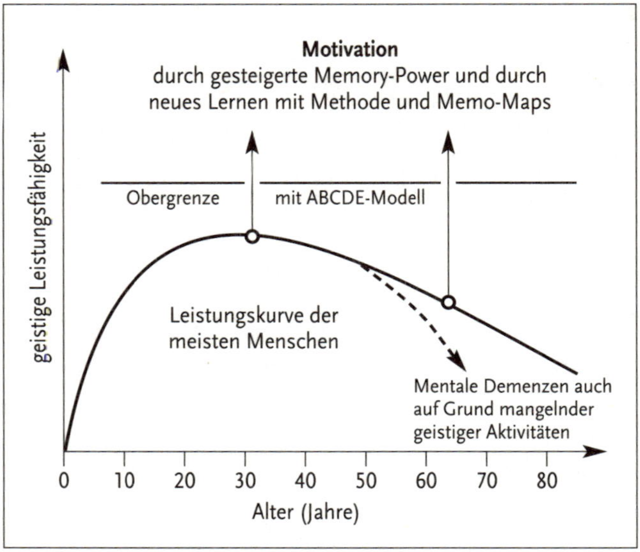

Altern ist nicht zwangsläufig mit der Abnahme geistiger Fähigkeiten verbunden. Wissenschaftler haben herausgefunden, dass man den Alterungsprozess im Gehirn nicht nur verlangsamen, sondern sogar rückgängig machen kann.

Die Kurve in obiger Grafik ist auf den ersten Blick für nicht mehr ganz junge Leute wenig erfreulich. Die Leistungsfähigkeit der Menschen nimmt demnach im Durchschnitt bis zum zwanzigsten Lebensjahr rapide zu, danach geht es offenbar nur noch bergab. Die Leistungskurve (Leistung = Arbeit pro Zeit) ist wissenschaftlich belegt (Quelle: Gesellschaft für Gehirntraining GfG), stellt jedoch nur einen Durchschnittswert dar. Wenn Sie ab sofort die Grundregeln des ABCDE-Modells beherzigen, müssen Sie sich nicht als weiteres Mitglied in diese Leistungskurve einreihen.

Das ABCDE-Modell

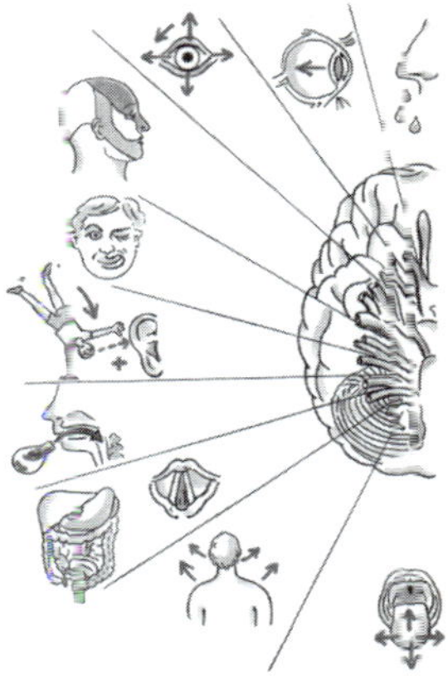

A = Anti-Stress, Arzt, Arzneimittel
B = Bewegung
C = Cerebrales Training, Concentration
D = Diätetisches Leben, Disziplin
E = Emotionen

A = Anti-Stress, Arzt, Arzneimittel

Höre ich auf die Signale meines Körpers? Fühle ich mich wohl? Bekomme ich ausreichend Schlaf, erstickt mich der Stress? Stellen Sie sich diese Fragen regelmäßig, denn Krankheit und Unwohlsein kommen nicht von ungefähr und können Ihre geistige Leistungsfähigkeit massiv beeinträchtigen.

Falls Sie – wie viele ältere Menschen – regelmäßig Medikamente nehmen, sollten Sie sich darüber im Klaren sein, dass die Wirkung von Arzneimitteln sehr unterschiedlich sein kann. Sie können beruhigen, hemmen, blockieren, aber auch die geistige Leistung fördern. Hinterfragen Sie die Auswirkungen auf Ihre Gehirnfunktionen. Manche Arzneimittel sind regelrechte Dämmer, sie verlangsamen die Informationsverarbeitungsgeschwindigkeit. Erkundigen Sie sich bei Langzeitmedikamenten nach einer Alternative, oder gedulden Sie sich bis zur Heilung. Mit etwas Gehirnjogging sind Sie bald wieder topfit.

Mens sana in corpore sano?
Ein gesunder Geist braucht nicht immer in einem gesunden Körper zu wohnen. Denken wir nur an das Physik-Genie Stephen Hawking, der nur noch zwei Finger bewegen kann. Jedoch unterstützt nachweislich körperliches Wohlbefinden jede geistige Aktivität.

Doch wie gesagt: Medikamente können durchaus auch positive Auswirkungen auf die Hirntätigkeit haben. So fördern bestimmte Arzneimittel die Durchblutung. Wenn die Gehirndurchblutung nicht mehr optimal gegeben ist, lässt sich dies durch entsprechende Medikamente schnell beheben. Erwiesenermaßen gibt es auch einige die Hirntätigkeit unterstützende Stoffe, die im Alter vom Körper nicht mehr produziert werden. Eventuell ist es sinnvoll, diese in Pillenform einzunehmen. Doch darüber sollten Sie in aller Ruhe mit Ihrem Arzt sprechen.

B = Bewegung

Ist Ihnen auch schon aufgefallen, dass Sie im Stehen besser denken als im Sitzen, dass Sie bei leichter Bewegung generell geistig leistungsfähiger sind? Bewegung ist nicht nur für unseren Bewegungsapparat sehr wichtig und förderlich, sondern auch für unser Gehirn (siehe auch Seite 64). Wenn wir uns körperlich betätigen, wird der Blutkreislauf angeregt, das heißt unser Gehirn wird besser durchblutet.

Körperliche und geistige Fitness sind oft der Nährboden für Lebensfreude und Vitalität. Bewegung beeinflusst unsere geistige Leistungsfähigkeit positiv, sie bringt Ihre grauen Zellen auf Trab.

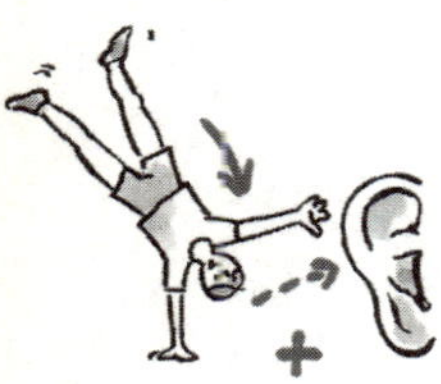

Die schnellere Atmung führt dazu, dass dem Gehirn mehr Sauerstoff zugeführt wird. Und – so simpel das klingen mag – je mehr Sauerstoff in Ihrem Gehirn ankommt, desto schneller können Sie denken. Bewegung an der frischen Luft ist also angesagt! Entscheiden Sie sich für eine Sportart nach Ihrem Geschmack, das können auch regelmäßige Spaziergänge sein. Wenn Sie gerne schwimmen, sollten Sie allerdings darauf achten, stark gechlortes Wasser zu meiden; mit frischer Luft hat das nämlich nur noch wenig zu tun, viele Menschen bekommen davon Kopfschmerzen.

C = Concentration, Cerebrales Training

Gehirnjogging ist das Zauberwort: Wer regelmäßig übt, kann sich auf Dauer mehr merken und auch bislang ungenutzte Fähigkeiten aktivieren. Nur wer immer wieder seinen Grips anstrengt, bleibt geistig beweglich.

In vielen Berufen ist ein Erwachsener heutzutage geistig meist genügend gefordert. Wenn die berufliche Arbeit aber zur Routine und langweilig geworden ist oder Sie schon im Ruhestand sind, sollten Sie etwas unternehmen, vor allem, wenn Sie Ihre Freizeit überwiegend vor dem Fernseher verbringen. Es ist eine Tatsache, dass schon nach einem nur einige Wochen dauernden Urlaub oder einem längeren Krankenhausaufenthalt ein Gedächtnisschwund nachgewiesen werden kann. Lassen Sie es nicht so weit kommen!

Die Tatsache, dass Sie dieses Buch lesen, beweist, dass Sie etwas für Ihre grauen Zellen tun wollen. Cerebrales Training ist das, was man gemeinhin als Gehirnjogging bezeichnet. Damit trainieren Sie die Kommunikation zwischen der rechten und der linken Gehirnhälfte. Dieses Training lässt Sie bis ins hohe Alter topfit bleiben. Wir sind sicher, Sie finden in diesem Buch viele amüsante und anregende Möglichkeiten, Ihr Gehirn zu trainieren. Nicht zuletzt ist auch ein Kartenspiel eine bereichernde Freizeitgestaltung, die in fröhlicher Runde allen Spaß machen kann.

D = Diätetisches Leben, Disziplin

Keine Angst, wir wollen Ihnen hier keine Diät vorschlagen. Wir zählen auch keine Kalorien, und Sie werden in diesem Büchlein keine Rezeptvorschläge finden. Sie sollten Ihr Leben genießen. Doch auch Sie werden schon festgestellt haben, dass die Redensart »Voller

Bauch studiert nicht gern« ihre Berechtigung hat. Nach einer Schweinshaxe mit Knödel, Kraut und zwei Maß Bier ist wahrlich keine geistige Höchstleistung mehr zu erwarten, denn unsere ganze Energie (sowie Blut und Sauerstoff) wird in den Verdauungsapparat geschickt, fürs Oberstübchen bleibt demzufolge nicht mehr allzu viel übrig. Durch den Alkohol lässt zudem noch die Konzentration nach, die Informationsverarbeitung verlangsamt sich drastisch.

Generell soll der Buchstabe D Sie an Disziplin (Ausdauer, konsequentes Arbeiten, Pünktlichkeit, Höflichkeit) erinnern und daran, ausgewogen, nicht zu viel auf einmal und gesund zu essen. Schränken Sie den Alkoholkonsum und das Rauchen ein. Die Langzeitschäden sind uns allen bewusst. Deshalb wäre es am besten, sich möglichst schnell davon zu verabschieden, Ihr Gehirn wird es Ihnen danken.

Zucker hilft dem Gedächtnis auf die Sprünge! Eine Studie mit älteren Menschen ab 60 Jahren ergab, dass ein höherer Blutzuckerspiegel kurzfristig nicht nur die Konzentration, sondern auch das Gedächtnis unterstützt. Wichtig allerdings ist die Qualität des Zuckers: Zu empfehlen sind komplexe Kohlenhydrate, Frucht- und Traubenzucker.

Was Sie über eine vernünftige Ernährung hinaus in Erwägung ziehen könnten, ist eine sinnvolle Nahrungsmittelergänzung. Da mittlerweile die meisten unserer Lebensmittel (zum Teil für Jahre) haltbar gemacht werden, Obst und Gemüse gespritzt, bestrahlt und manipuliert werden, ist es um die Versorgung mit Vitaminen und Spurenelementen eher schlecht bestellt. Die wenigsten Menschen haben die Möglichkeit zum eigenen Anbau. Deshalb sind auch Nahrungsmittelergänzungen empfehlenswert, wobei Sie auf biologische Herstellung achten sollten. Lassen Sie sich beraten.

E = Emotionen

Ohne Übertreibung kann man sagen: Am wichtigsten sind die Emotionen. Denn ohne Lust und Laune geht gar nichts. Wenn wir Sorgen und Kummer haben, kreisen unsere Gedanken ständig nur um dieses einzige Problem. Wenn der Hund oder die Katze überfahren wurde, wenn ein Unfall in nächster Umgebung passiert ist oder wenn es Streit in der Familie gibt, ist unser Kopf nicht frei.

Wenn wir betrübt, wütend oder gestresst sind, entstehen Denkblockaden, sodass wir möglicherweise zu keinem vernünftigen Gedanken mehr fähig sind. Sorgen und Probleme lähmen. Nur wenn unsere Gefühlswelt in Ordnung ist, sind wir motiviert, etwas zu tun, erst dann sind wir geistig leistungsfähig. Motivierende Ziele, positive Gefühle und harmonische zwischenmenschliche Beziehungen beflügeln uns, wir sind zu gedanklichen Höchstleistungen in der Lage.

Um unser Leben lange und leistungsfähig zu gestalten, sollten uns die fünf Buchstaben ABCDE und das, wofür sie stehen, immer präsent sein. Denn sie sorgen für einen zusätzlichen gewaltigen Schub unseres Gedächtnisses. Die Grafik der geistigen Leistungsfähigkeit der Menschen in Abhängigkeit vom Alter (siehe Seite 50) zeigt schließlich auch, dass Sie Ihre geistige Leistungsfähigkeit bis ins hohe Alter steigern können.

Wie motiviere ich mich?

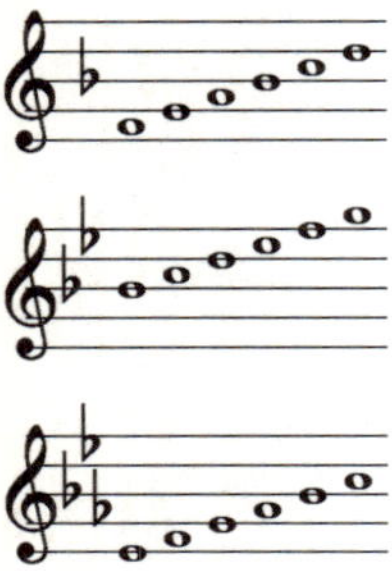

Gewusst wie: Als der Pianist Paul Rubinstein gefragt wurde, wie es ihm gelänge, auch im Alter von 80 Jahren grandiose Konzerte zu geben, meinte er, er beschränke sich auf wenige Stücke, übe länger und werde außerdem vor den schnelleren Passagen langsamer als vorgesehen, und so wirke das Nachfolgende schneller.

Motivation ist wichtig für jede Gehirnleistung. Sie wird bestimmt durch äußere Reize, aber auch durch bewusste Entscheidungen. Wahrscheinlich haben Sie schon lange das passende Rezept für sich gefunden. Dabei ist jeder Mensch anders veranlagt. Die einen denken an die schönen alten Zeiten, an den letzten oder kommenden Urlaub, um sich zu motivieren. Andere machen einen Spaziergang oder einen Waldlauf, wieder andere motivieren sich bestens mit schöner Musik (aktiv oder passiv) oder mit einem anregenden Buch. Sie alle beschäftigen sich als Motivationsauffrischung mit etwas, das ihnen persönlich besonders viel Spaß macht. Das kann auch die Vorfreude auf die Einladung am kommenden Wochenende, auf einen gemütlichen Abend mit Freunden oder Familienangehörigen sein.

Wenn Sie gerade jetzt eine sehr unangenehme Aufgabe vor sich haben, sehen Sie doch einmal genauer hin, ob nicht doch irgendein Spaß darin liegen kann. Gelingt Ihnen das nicht, betrachten Sie es einfach nur als eine Art körperlicher oder geistiger Übung.

Denken Sie an das Gefühl danach: Wie werden Sie sich freuen, wenn diese lästige Arbeit endlich geschafft ist, wie erleichtert werden Sie sein, wie stolz, wie glücklich, wie zufrieden. Und schon geht's mit neuem Schwung weiter.

Wie konzentriere ich mich?

Ohne Konzentration werden Sie zu keiner Gedächtnisleistung fähig sein. Sie ist unabdingbare Voraussetzung für die Aufnahme von Information, für ein effektives Lernen und Arbeiten. Wer sich nicht ablenken lässt macht weniger Fehler und braucht weniger Zeit, um eine Aufgabe zu bewältigen.

Wichtig ist, zunächst einmal optimale Rahmenbedingungen zu schaffen. Wollen Sie sich gemütlich niederlassen, um ein Buch zu lesen, so werden Sie sich vorher überlegen, was Sie zum Lesen brauchen: Sie werden wohl kaum das Buch vergessen, aber denken Sie auch an Ihre Brille? Haben Sie für gutes Licht gesorgt, möglicherweise eine passende Hintergrundmusik aufgelegt? Bei vielen Menschen erhöht Musik die geistige Leistungsfähigkeit. Falls es draußen laut ist, sollten Sie Tür und Fenster schließen, möglicherweise möchten Sie auch das Telefon abstellen.

Wenn Sie all dies nicht tun, kann es Ihnen passieren, dass Sie alle zwei Minuten aufstehen müssen, um die eine oder andere Voraussetzung fürs Lesen zu schaffen. Wahrscheinlich werden Sie dann bereuen, dass Sie sich im Vorhinein nicht konzentriert haben. Oder aber Sie kommen zu der fälschlichen Ansicht, dass Sie an Konzentrationsstörungen leiden, dabei haben Sie einfach nicht die richtigen Rahmenbedingungen geschaffen.

Gedächtnisleistungen kann man nicht erzwingen, wenn man nicht motiviert ist. Und Gründe genug gibt es. Denn – wie Marc Aurel es ausdrückt – unser Leben ist das Produkt unserer Gedanken. Wie wichtig ist es also, nicht nur unseren Körper, sondern auch unseren Geist zu trainieren.

ÜBUNG

Haben Sie eine wichtige Aufgabe vor sich, so empfehlen wir ein kurzes Gehirnjogging als Konzentrationsübung. Möchten Sie jetzt eine? Dann überlegen Sie sich, wie viele Wörter in dem Wort »Gehirnjogging« stecken, wenn wir von den offensichtlichen, »Gehirn« und »Jogging«, absehen.

Ohne Motivation keine Konzentration und ohne Konzentration keine Leistung

Konzentrationsschwäche ist keine Alterserscheinung, sondern häufig eine Folge von – oft vermeidbarer – Müdigkeit, Abgespanntheit, Stress. Konzentrationsfähigkeit lässt sich trainieren.

Fest steht, dass Motivation und Konzentration eng miteinander verknüpft sind. Nur wenn uns etwas interessiert, sind wir motiviert, uns damit zu beschäftigen. Und nur wenn wir motiviert sind, können wir uns auf eine bestimmte Thematik hundertprozentig konzentrieren. Sind wir hingegen nicht motiviert, werden wir uns nichts oder nur wenig merken. Folglich lernen wir nichts hinzu, schließlich attestieren wir uns selbst, dass wir ein schlechtes Gedächtnis haben. Stellen Sie sich die Frage, wozu Sie sich motivieren können. Haben Sie ein erstrebenswertes Ziel vor Augen, können Sie sich auch darauf konzentrieren.

Wie entspanne ich mich?

Entspannung, Anspannung, Aktivierung und Verspannung (Stress) sollten in einem gesunden Verhältnis zueinander stehen. Es gibt unzählige Entspannungsmethoden, angefangen bei autogenem Training über Yoga, Waterbalancing, Schwimmen, Waldlauf, Wandern bis hin zu Klavierspielen oder auch sich hin und wieder von einem exzellenten Koch verwöhnen lassen usw.

Schnuppern Sie in die verschiedenen Methoden hinein und wählen Sie für sich aus, was Ihnen gut tut. Mittlerweile sind Sie sicher so weit sensibilisiert, dass Sie auch hier auf Ihren Lern-, Gedächtnis- und Stresstyp achten. Fahren Sie Ihre Antennen aus!

Ein visueller Typ braucht zu seiner Entspannung ein schönes Umfeld. Achten Sie auf den Blick, die Aussicht, die Wandfarben, die Dekoration. Ein auditiver Typ braucht entweder absolute Ruhe oder eine entsprechende Musik. Vernachlässigen Sie auch nicht Ihren Geruchssinn.

Stress kann man nicht nur durch Entspannung abbauen, sondern auch durch Bewegung. Das kann im Sportstudio oder in einem Sportverein sein, beim Tanzen, Schwimmen, Singen, Joggen, Radeln, Wandern, Spazierengehen, bei leichter Gartenarbeit oder auch bei Arbeiten im und ums Haus. Wenn Sie Ihre Entspannungsübungen oder Bewegungsübungen zu Hause durchführen, lassen sich recht einfach gute Rahmenbedingungen schaffen. Entscheiden Sie sich für ein Sport-

Wir werden immer älter, somit ist es wichtig, unsere geistige Leistungsfähigkeit genau wie unseren Körper fit zu halten.

studio oder eine sonstige öffentliche Einrichtung, ist das schon schwieriger.

Mit der für Sie richtigen Entspannungsmethode gehen Sie nicht nur produktiv mit Ihrem Stress um, sondern Sie werden auch Ihre Merkfähigkeit um ein Vielfaches steigern.

Wie gehe ich mit Stress um?

Unterschieden werden zwei Formen von Stress: Der so genannte Distress ist ein negativer Stress, der krank macht und im Extremfall bis zum Tod – beispielsweise durch Herzinfarkt – führt. Distress kann eine Folge von zu viel ungeliebter Arbeit sein, wozu auch ein schlechtes Arbeitsklima, Ärger mit Kollegen und Chefs beitragen. Privater Distress kann durch Beziehungsprobleme entstehen.

Im Gegensatz dazu ist der so genannte Eustress ein positiver Stress. Bei einer interessanten, spannenden, aufregenden Arbeit werden Sie mit Freude auch unter Zeitdruck viel mehr leisten, als Sie sich zugetraut haben. Eustress kann bei der Ausübung von Hobbys, bei der Vorbereitung eines Festes oder im Urlaub entstehen. Auch die Umsetzung einer spannenden und anregenden Lektüre kann Auslöser sein (wir hoffen, auch dieses Buch!).

Versuchen Sie, so zu planen, dass aus Eustress nie Distress wird. Hierbei sollte man eines nicht vergessen: Der Wirkungsgrad, also das Verhältnis von Nutzen zu Aufwand, ist bei optimaler Aktivierung höher, als wenn man die ganze Nacht durcharbeitet. Hören Sie also auch

Das Gehirn ist das einzige Organ, das man nicht überfordern kann. Im Gegenteil: Je mehr man nachdenkt, desto leistungsfähiger wird man. Stress oder gar Symptome des Burn-out-Syndroms haben nichts mit einer Überforderung des Gehirns zu tun, sie resultieren vielmehr aus einem falschen Umgang mit Zeit und Informationsflut.

zur richtigen Zeit auf. Sie können noch so motiviert sein, wenn Sie vom Stress erdrückt werden, klappt wenig oder überhaupt nichts. Angst, Hektik, Druck und Misserfolgserwartungen in allen Lebensbereichen führen in unserem Körper zur Freisetzung von Stresshormonen. Diese aktivieren den Organismus für körperliche Höchstleistungen, blockieren jedoch alle höheren Denkprozesse.

Bei unerträglichem Stress versagt bei uns allen das Gedächtnis. Man ist geistig gelähmt und erlebt – zum Beispiel bei Prüfungen oder bei wichtigen Reden – nicht selten das berühmte Blackout.

Viele Menschen setzen sich im Alltag Stresssituationen aus, die man mit einfachen Mitteln vermeiden kann. Die häufigste ist falsches Zeitmanagement. Wer nicht weiß, wie das Gehirn Informationen aufnimmt, verarbeitet und abruft, weiß im Schnitt nach 24 Stunden nur noch 20 Prozent dessen, was er gehört oder gelesen hat. Diese Tatsache erzeugt nicht selten unerträglichen Stress.

Obwohl Sie vielleicht wirklich motiviert und konzentriert sind, kann das konzentrierte Arbeiten auch dann nicht optimal klappen, wenn Sie nicht nach spätestens 90 Minuten eine Pause einlegen. Denn durch ununterbrochenes Arbeiten unter Zeitdruck manövrieren Sie sich schon wieder in die nächste Stressphase. Einer Anspannungsphase sollte immer eine Entspannungsphase folgen, auch dadurch erhöht sich die Merkfähigkeit des Gehirns.

Zu den Stressfaktoren zählen außerdem die so genannten Zeitdiebe. Denken Sie einmal ernsthaft darüber nach, ob Sie am Tag nicht zu viele Telefonate führen, Besucher und Besprechungen haben und Ähnliches. Trifft das zu, ist Stress vorprogrammiert. Der Schlüssel für ein erfolgreiches Zeitmanagement liegt darin, den geplanten Aktivitäten eindeutige Prioritäten zuzuweisen, indem Sie diese in A-Aufgaben (wichtige, nicht delegierbare Aufgaben), B-Aufgaben (durchschnittlich wichtig) und C-Aufgaben (Routine, Papierkorb) unterteilen.

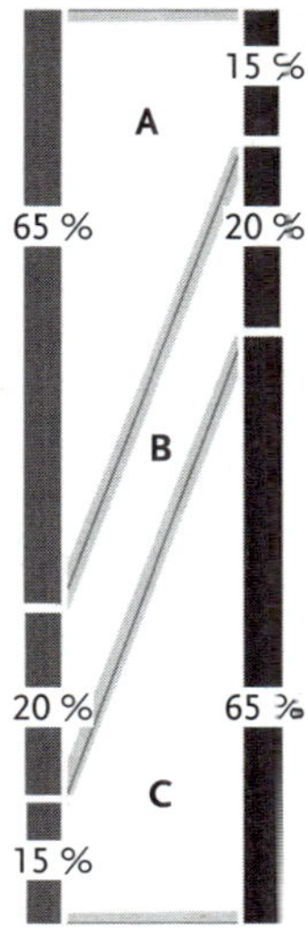

Die ABC-Analyse ist das A & O der Zeitver(sch)wendung

A-Aufgaben = wichtige, nicht delegierbare Aufgaben
B-Aufgaben = durchschnittlich wichtig
C-Aufgaben = Routine und Papierkorb

Als guter »Lerner« realisieren Sie die linke Zeitverwendung und nicht die rechte Zeitverschwendung (= Zeitwahl der meisten von uns)

Wie halte ich mich körperlich fit?

Auch hier können wir uns auf unsere Schaltzentrale, das Gehirn, verlassen. Wenn wir im Kopf fit sind, regelt sich alles Weitere fast von selbst, denn ein gesunder Verstand weiß, was und wie viel wir wann essen und wie und wie viel wir uns wann bewegen sollten, um unseren Körper fit zu halten.

Starten Sie keine Gewaltaktionen, vor allem, wenn Sie den Sport jahrzehntelang vernachlässigt haben. Suchen Sie sich eine körperliche Betätigung, die Ihnen, Ihren Lebensumständen und Ihrem Körper entspricht. Sind Sie beispielsweise nicht mehr allzu gut zu Fuß, sollten Sie keine Marathonläufe planen und auch von extremem Bergsteigen absehen. Spaziergänge in schöner Umgebung und kleine Wanderungen tun es auch.

Ohne Bewegung oft kein optimales Lernen: Wenn ein Säugling sich zu bewegen beginnt und die Bewegungen nach und nach zu koordinieren lernt, werden zentrale Bereiche des Gehirns stimuliert und entwickelt. Fehlt die Möglichkeit zur Bewegung, kann diese Entwicklung nur beschränkt stattfinden.

Oder versuchen Sie es einmal mit Tanzen oder leichten Ballspielen. Es soll Menschen geben, die beim Tanzen alle Gelenk-, Knie- und Rückenschmerzen vergessen – vorausgesetzt, sie haben den richtigen Tanzpartner, sprich: Die Emotionen stimmen.

Auch beim Sport gilt: Weniger, dafür regelmäßig, ist mehr. Einmal im Monat bringt meist nur einen Muskelkater; tägliche Bewegungseinheiten – oder zumindest drei- bis viermal in der Woche – in Form von Gymnastik und Dehnübungen erhalten die Beweglichkeit und die Fitness. Außerdem schaffen Sie somit die Voraussetzung für ein größeres Abenteuer: Ski- oder Wanderurlaub, Radlerurlaub, einen Tanzabend oder was immer Ihnen Spaß macht.

Wie steigere ich meine Kreativität?

Hören wir das Wort Kreativität, sehen wir vor unserem geistigen Auge gleich das Genie, wir denken an Albert Einstein oder Leonardo da Vinci. Genies zeichnen sich durch kreative Gedanken, Handlungen oder Produkte aus, die neu, unerwartet, überraschend waren oder sind. In diesem Sinn – und davon sind wir zutiefst überzeugt – kann jeder Mensch sowohl in seinem beruflichen wie auch im privaten Umfeld »genial aktiv« sein.

In diesem Buch werden Sie Ihre Kreativität in vielfältiger Form trainieren. Sie werden ständig angeregt neue, einprägsame Bilder zu finden oder zu erfinden und diese untereinander zu verknüpfen.

Beim Memorieren sind permanent Ihre Assoziationsmöglichkeiten und Fähigkeiten gefordert, Querverbindungen zwischen Bekanntem und Unbekanntem zu schaffen – ein wesentliches Merkmal jeder kreativen Problemlösung. Dies setzt aber gleichzeitig voraus, dass Sie ein gutes Langzeitgedächtnis haben, das Sie sich mithilfe der Übungen in diesem Buch sicher aneignen werden. Neben kreativen Verknüpfungen und plastischen Bildschöpfungen erfordert das fortgeschrittene Memorieren auch, dass Sie Gedächtnissysteme Ihrer Denkstruktur anpassen und innovativ verändern.

Kreativität muss fließen und braucht einen freien Kopf. Wenn man unter Distress steht, ist man sicher nicht mehr kreativ. Schalten Sie ab, legen Sie die Sache, das Problem zur Seite, gehen Sie raus aus Ihren vier

Wänden und sammeln Sie neue Eindrücke. Suchen Sie Kontakt und Kommunikation mit anderen Menschen. Nur wenn von draußen etwas hereinkommt, kann innen wieder etwas wachsen. Nutzen Sie Ihre mentale Fähigkeit. Überlegen Sie, wie andere Personen an dieses Problem herangehen würden. Sie werden über die Ergebnisse staunen.

Mittlerweile gibt es auch technisch unterstützende Hilfsmittel, die so genannten Mind-Machines. Diese Geräte sind derart konzipiert, dass sie entweder rhythmische und farblich differenzierte Lichtsignale in die Augen oder auch per Ultraschall Impulse über die Haut an das Gehirn senden. Dadurch werden die beiden Gehirnhälften synchronisiert und Sie kommen innerhalb weniger Minuten oder sogar auch Sekunden in einen entspannten, wachen, leistungsfähigen Zustand, Alphazustand genannt. Die Mind-Machines werden schwerpunktmäßig im medizinischen und therapeutischen Bereich eingesetzt, doch inzwischen machen auch immer mehr Menschen aus allen Berufsgruppen nutzvoll davon Gebrauch. Diese technischen Geräte haben jedoch eines gemeinsam: Es sind »nur« Hilfsmittel, die Voraussetzungen für ein optimales Lernen, Entspannen oder Aktivieren verbessern können.

Der Schlüssel zur Kreativität liegt in der produktiven Synergie der beiden Gehirnhälften. In den folgenden Kapiteln finden Sie zahlreiche Anregungen, Ihr kreatives Potenzial zu nutzen.

Mit dem bewussten Anwenden unseres ABCDE-Modells und regelmäßigem Training erzielen Sie jedoch auch ohne Mind-Machines überraschend gute Erfolge.

Wie steigere ich meine mentale Fitness?

Das Wort »mental« ist lateinischen Ursprungs und heißt wörtlich »den Geist betreffend« oder »gedanklich«. Wir wollen Sie dazu auffordern, sich hin und wieder auf eine Gedankenreise einzulassen und Tagträume zuzulassen. Dies ist ein ganz wichtiges Element für Kreativität. Lernen Sie von den Kindern, die das hervorragend können. Halten Sie nach den guten und schönen Dingen des Lebens Ausschau, allein durch diese positive Lebenseinstellung werden Sie sich schon viel besser fühlen.

Ein ganz banales Beispiel: Ärgern Sie sich nicht über das Wetter, denn keiner von uns kann es ändern. Dafür können Sie in Ihren Gedanken alles tun, was Sie wollen, Sie können sich zu jeder Zeit an jedem Ort dieser Welt aufhalten. Diese Fähigkeiten sollte man sich für die unangenehmen Dinge des Lebens zunutze machen.

Probieren Sie es aus, fangen Sie mit kleinen Unannehmlichkeiten an. Wenn der nächste lästige Einkauf ansteht, stellen Sie sich vor, Sie sind im Urlaub, an einem schönen Ort Ihrer Wahl, und wollen für den nächsten Tag ein schönes Essen zubereiten. Ein anderes Beispiel: Sie müssen morgen einen unangenehmen, längst überfälligen Bericht abliefern. Setzen Sie sich zum Arbeiten – in Gedanken – in ein schönes Strandcafé unter Palmen oder auf die Terrasse einer Bergalm, schon wird Ihnen die Arbeit leichter von der Hand gehen. Probieren Sie diese Technik auch für Be-

In jedem von uns schlummert die Fähigkeit, »merk«-würdige Geschichten zu erfinden. Im fantasielosen Alltag geht diese Kreativität jedoch häufig verloren. Lernen Sie wieder von den Kindern!

sprechungen, Prüfungen, Arzttermine usw. aus. Sie wird Ihnen das Leben erheblich erleichtern.

Darüber hinaus umfasst mentale Fitness natürlich alle in diesem Abschnitt beschriebenen Punkte zur Verbesserung der eigenen Leistung: Mental fit ist jeder, der sich optimal motivieren, konzentrieren, entspannen und aktivieren kann, der sich durch Stress nicht auffressen lässt, der weiß, dass körperliche und geistige Fitness eine Einheit bilden, der ständig an Neuem interessiert ist, der kreativ selbst aktiv sein will und der – vor allem anderen – am Leben und am lebenslangen Lernen Spaß findet. Im nächsten Kapitel finden Sie zahlreiche Möglichkeiten zum Training Ihrer mentalen Fitness.

Kapitel 4

Gedächtnistechniken, Strategien, Mind-Maps & Memo-Maps

In den folgenden Abschnitten werden Sie mit unterschiedlicher Schwerpunktsetzung in alle zentralen Techniken und Methoden eingeführt, die für ein optimales Lernen und ein gutes Gedächtnis von entscheidender Bedeutung sind. Schon die in den ersten beiden Kapiteln vorgestellte BRAIN-POWER-Formel, die von Wolfram Stanek entwickelt wurde, wird Ihre Gedächtnisleistung schlagartig verbessern. Die im dritten Abschnitt skizzierten Brückentechniken (im Volksmund: Eselsbrücken) werden Ihnen in vielen Lebenslagen ein problemloses Erinnern ermöglichen. In den darauf folgenden Kapiteln finden Sie Hinweise, wie Sie viele Aufgaben durch sinnvolles Strukturieren sowie durch den Einsatz von Klangsystemen und Ähnlichkeiten wesentlich merkfähiger umsetzen können.

Schließlich lernen Sie ein besonders effizientes Zahl-Form-System kennen: Die magischen 100. Wenn Sie dieses relativ leicht erlernbare System beherrschen, können Sie sich schon bald sowohl Hunderte von Wörtern als auch vielstellige Zahlen problemlos merken. Ein Versprechen der beiden Autoren ist, dass Sie bei konsequenter Anwendung der magischen 100 zum echten Gedächtnisprofi werden.

International erkennen immer mehr Universitäten die Notwendigkeit, schon in jungen Jahren das »Lernen zu lernen« und dafür Begeisterung zu entfachen.

Die in den folgenden Abschnitten vorgestellten Körper- und Raumsysteme werden Sie als Memorierwerkzeuge auf diesem kurzen Weg dorthin wirkungsvoll unterstützen, ebenso wie die erläuterten Uhren- und Alphabetsysteme. In Verbindung mit den in den beiden Abschlusskapiteln beschriebenen ausgewählten Wissenssystemen des Universalwissens unter Verwendung strukturierter, merkfähiger Mind-Maps (Denkkarten, wegen ihrer »Merk«-Würdigkeit von uns als Memo-Maps bezeichnet) sind diese Systeme unverzichtbar.

Wir werden Ihnen eine kompakte Universalwissen-Mind-Map (in Anlehnung an die Encyclopedia Britannica) vorstellen, aus der alle Bereiche unseres Wissen (mit vielen weiteren variablen Memo-Map-Beispielen) abgeleitet werden können. Wir stellen Ihnen auch das Prinzip des Clusterns vor. Damit strukturieren, ordnen und klassifizieren Sie sinnvoll Ihre Gedanken und Aufgaben. Sie werden sehr schnell erkennen, dass Ihnen das Clustern vor dem Zeichnen einer Mind-Map viel nachträgliche Korrekturarbeit ersparen wird.

Der vorgestellte Major-Code ist eine buchstabenorientierte Memoriertechnik, mit der man sich besonders gut Zahlen merken kann. Diese Technik kann auch als Basis für die im folgenden Abschnitt skizzierten Matrixsysteme (zum Merken tabellarischer oder schachbrettorientierter Zusammenhänge oder Spiele) eingesetzt werden. Allerdings dauert das sichere Beherrschen des Major-Codes gewöhnlich deutlich länger als das Erlernen der magischen 100. Und da Sie mit unserem Zahl-Form-Code ebenfalls sofort Matrixsysteme beherrschen, empfehlen wir Ihnen für den Einstieg, zahlformorientiert zu arbeiten.

Wenn Sie diese Techniken, Strategien und Memo-Map-Varianten nachvollzogen und trainiert haben, wird sich Ihre Lern- und Gedächtnisleistung mit Sicherheit gewaltig gesteigert haben. Doch gehen Sie gemütlich und ohne Hast daran. Wir veranstalten keinen Wettbewerb. Lesen Sie die einzelnen Kapitel durch, finden Sie heraus, mit welchen Methoden Sie am besten zurechtkommen und womit Sie die größte Wirkung erzielen.

Denn eines ist uns besonders wichtig: Sie sollten Spaß an der Sache haben.

Nehmen Sie sich Zeit! Lassen Sie sich nicht entmutigen, auch wenn Sie nicht sofort auf die Lösung kommen. Ihr Gehirn wird allein dadurch trainiert, dass Sie sich um eine Lösung des Problems bemühen.

Die BRAIN-Grundregel

Versuchen Sie alles, was Sie sich merken wollen, mit den folgenden fünf Buchstaben merkfähig und »merk«-würdig aufzubereiten:

B Bilder, bunt und bewegt (rechte Gehirnhälfte)

R Richtig, das heißt merkfähig verknüpfen (vor allem rechte Gehirnhälfte)

A Assoziationen mit allen Sinnen (vor allem rechte Gehirnhälfte)

I Imagination bzw. Fantasie (vor allem rechte Gehirnhälfte)

N Nummerieren, Struktur, System, Ordnung, Logik (vor allem linke Gehirnhälfte)

Als ein Wort gelesen haben Sie so das englische BRAIN (= Gehirn, Verstand) vor Augen, die Schaltzentrale all unserer Aktivitäten und Emotionen. Wenn Sie diese fünf Buchstaben immer griffbereit haben, wird sich Ihre Gedächtnisleistung auch ohne Kenntnis spezieller Gedächtnistechniken schlagartig verbessern.

B *Bilder, bunt und bewegt*

Setzen Sie alles, was Sie lesen und hören, in Bilder um. Wenn diese zusätzlich noch bunt und bewegt sind, werden sie noch merkfähiger. Dies gilt ebenso für Bilder, die Ihnen angeboten werden (z. B. Zeitung, Fernsehen, tägliches Leben). Nicht jedes Bild ist ein auf Ihren Lern- und Gedächtnistyp zugeschnittenes Bild. Färben Sie es gedanklich ein und heben Sie bestimmte Charakteristika besonders hervor.

R *Richtig, das heißt merkfähig verknüpfen*

Der Buchstabe R erinnert Sie daran, Ihre Bilder auch richtig miteinander zu verknüpfen und sie so zu verankern, dass sie an der richtigen Stelle wieder abgerufen werden können. Beispiele für die zahllosen Verknüpfungsvarianten finden Sie in der unten stehenden POWER-Regel sowie im Kapitel Brückentechniken.

A *Assoziationen mit allen Sinnen*

Der dritte Buchstabe in BRAIN erinnert Sie daran, alle Ihre Sinne beim Memorieren mit einzusetzen: Neben Sehen und Hören sollten Sie auch das Riechen, Schmecken und vor allem das Fühlen nicht vernachlässigen. Denn letztgenannter Sinn umfasst nicht nur das Fühlen mit Ihren Fingern. Und denken Sie daran: Die Gedanken sind frei. Sie können die besonders merkfähigen Fühlbilder ja ruhig für sich behalten.

I *Imagination bzw. Fantasie*

Die mit dem Buchstaben I verknüpfte Gedächtnisleistung ist für Ihre kreative Wort- und Bildschöpfungsfähigkeit beim Memorieren besonders wichtig. Albert Einstein war davon überzeugt, dass die Imagination und die Fantasie wichtiger sind als das bloße Wissen, das im Schnitt nach etwa zwei Jahren veraltet ist.

Fantasie ist wichtiger als Wissen.
ALBERT EINSTEIN

N *Nummerieren, Struktur, System, Ordnung, Logik*

Während die ersten vier Buchstaben aus BRAIN schwerpunktmäßig unsere rechte Gehirnhälfte betreffen, fordert uns der Buchstabe N dazu auf, all das, was wir lernen und uns merken wollen, auch zu nummerieren, zu strukturieren und mit System, Ordnung und Logik in den Griff zu bekommen, denn das Aufnehmen von Informationen erfordert Organisation. Erst mit dem Einsatz beider Gehirnhälften werden wir zum Lern- und Gedächtnisprofi.

Richtig verknüpfen mit POWER

Um die im vorigen Kapitel beschriebenen BRAIN-Grundregeln zur echten BRAIN-POWER aufblühen zu lassen, sollten Sie sich auch die Bedeutung der nachstehenden fünf Buchstaben einprägen. Denn es nützen die schönsten Bilder wenig, wenn Sie diese nicht im richtigen Zusammenhang und in der richtigen Reihenfolge verknüpfen können. Verknüpfungssysteme sind die zentrale Grundlage aller Mnemonik-Systeme. Unter Verknüpfen versteht man im weitesten Sinne das merkfähige Verbinden von einzelnen Bildern und Sachverhalten untereinander und in verschiedenen Ankersystemen, die wir noch kennen lernen werden.

Mnemonik – eine göttliche Kunst.
Der Begriff leitet sich von der Göttin Mnemosyne, Mutter der sieben Musen und Göttin des Gedächtnisses ab, und bezeichnet die Kunst, Gedächtnis und Lernen durch Hilfsmittel zu unterstützen.

P Personifizieren (Objekte lebendig machen) und platzieren

O Objekte austauschen, platzieren, vertauschen und umsetzen

W Weben, kleben, verschmelzen, verschnüren und zusammennähen

E Einfügen, stapeln und unterlegen

R Romantisch, rabiat, real und ridiculous (englisch: lächerlich, also groteske, lustige Bilder)

Mit dem so entstehenden Wort POWER haben Sie einen Schlüssel zur Hand, mit dem Sie Ihre BRAIN-Bilder richtig, merkfähig und in verschiedenen Variationsmöglichkeiten wirkungsvoll miteinander verknüpfen können. Beispielsweise werden tote Gegenstände plötzlich sehr merkfähig, wenn man sie personifiziert: Können Sie sich ein Auto vorstellen, das statt der Scheinwerfer Augen hat und aus dem Kühlergrill zu Ihnen spricht? Können Sie sich vorstellen, dass aus einer grauen Tasse plötzlich Ärmchen und Beinchen wachsen, die Tasse ein hübsches Gesichtchen bekommt und sich mit Ihnen unterhält? Erwachsene haben hier so ihre Probleme, Kinder überhaupt nicht, da sind uns die Kleinen um mehr als eine Nasenlänge voraus. Kein Wunder, dass wir beim Memoryspiel häufig schlecht abschneiden.

Sie werden in den folgenden Kapiteln zahlreiche Anwendungsbeispiele mit Varianten dieses Verknüpfungssystems kennen lernen. Probieren Sie diese aus und entscheiden Sie sich fallabhängig für die Verknüpfungen, die Ihnen persönlich am geeignetsten erscheinen. Nehmen Sie sich Zeit und bleiben Sie gelassen, auch wenn Ihnen die Systeme auf den ersten Blick kompliziert erscheinen. Schon nach kurzer Übungszeit werden Ihnen diese unglaublich wirksamen Verknüpfungstechniken leicht fallen, sofern Sie die von uns entwickelte Gedächtnisformel BRAIN-POWER immer griffbereit haben.

Brückentechniken

Brückentechniken (im Volksmund: Eselsbrücken) können Ihnen in vielen Lebenslagen ein problemloses Erinnern an bestimmte Ereignisse, Namen und Gesichter, Fremdwörter oder Details aus Wissensgebieten ermöglichen. Eine Brückentechnik haben Sie bereits auf den vorigen Seiten kennen gelernt: BRAIN-POWER. Sie erinnern sich an diese Worte, und schon haben Sie durch diese zehn Buchstaben zehn wichtige Stützen für Ihr Supergedächtnis griffbereit.

Ein anderes Beispiel (siehe Kasten Seite 78): Sie wollen schnell wissen, wie viele b die jeweilige Durtonart hat? Sie memorieren den Satz: »Fiebrige Buben Essen Aspirin – Deshalb Gesund« und sehen diese vor Ihrem geistigen Auge vor sich. Schon wissen Sie aufgrund der Anfangsbuchstaben – wahrscheinlich für immer –, dass F-Dur ein b hat, B-Dur zwei usw. bis Ges-Dur mit sechs b.

Kleiner Aufwand, große Wirkung. Vertiefen Sie Ihre Allgemeinbildung durch Merkbrücken. Sie müssen ja nicht verraten, wie Sie sich die Dinge gemerkt haben.

Eine ähnliche Eselsbrücke gibt es auch für die Anzahl der Erhöhungszeichen (#) in den Durtonarten. Merken Sie sich: »Geh Du Alter Esel Hole Fische«, und Sie werden nicht so schnell vergessen, dass G-Dur ein # hat, D-Dur zwei und schließlich Fis-Dur sechs. Übrigens, wenn Sie diesen alten Esel auch noch Geige spielen sehen und hören, dann wissen Sie gleichzeitig, dass die tiefste Geigensaite die G-Saite ist, gefolgt von der D-Saite, A-Saite und E-Saite.

Möchten Sie schnell lernen, in welcher Reihenfolge die Planeten und Zwergplaneten unseres Sonnensystems

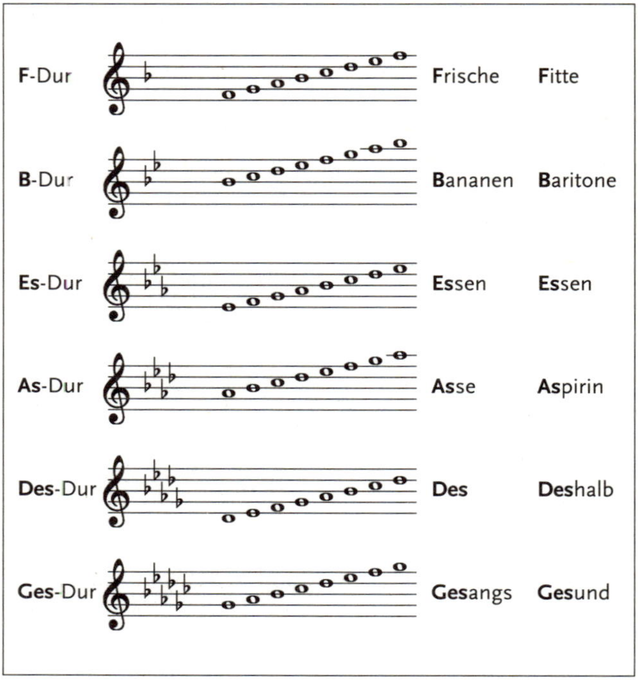

Am 24. August 2006 beschloss die Internationale Astronomische Union (IAU), dass sich unser Sonnensystem nur noch aus acht Planeten, drei Zwergplaneten, Kleinobjekten und Monden zusammensetzt.

um den Energiespender kreisen? Dann stellen Sie sich nun plastisch folgendes Bild vor und sprechen Sie sich vor: »**M**ein **V**ater **E**rklärt **M**ir **J**eden **S**amstag **U**nsere **N**eue **Z**werg-**P**laneten **E**rinnerung.« Und aufgrund der Anfangsbuchstaben der einzelnen Wörter werden Sie nie mehr vergessen, dass Merkur der Planet ist, der der Sonne am nächsten ist. Danach folgen Venus, Erde, Mars, Jupiter, Saturn, Uranus und Neptun als äußerster Planet (siehe hierzu auch die Memo-Map auf Seite 136). Die letzten Worte erinnern Sie an die drei aktuellen Zwergplaneten: Ceres kreist als kleinster Zwergplanet im Asteroidengürtel zwischen Mars und Jupiter um die Sonne (**Zwer**g klingt so ähnlich wie **Cer**es), jenseits von

Neptun finden wir den Pluto (der am 24. August 2006 von der IAU zum Zwergplaneten »degradiert« wurde) und am weitesten von der Sonne entfernt im so genannten Kuipergürtel die Eris (astronomische Bezeichnung 2003 UB 313, im September 2006 wurde der bisher verwendete Name »Xena« von der IAU in »Eris« geändert – deshalb mnemotechnisch Die »**Er**innerung« in dem vorgeschlagenen Merksatz).

Wollen Sie sich nur die acht Planeten – ohne die drei Zwergplaneten – in der richtigen Reihenfolge von der Sonne aus gesehen merken, ist folgender Merksatz schnell gelernt: »**ME**in **VE**tter **ER**klärt **M**i**R** **J**eden **SA**mstag **U**nseren **N**achthimmel.« Erfinden Sie doch selbst schnell einen kreativen Merksatz!

Es gibt ausgefeilte Techniken, mit denen Sie sich Zahlen besonders gut einprägen können. Wir werden Ihnen noch einige vorstellen. Aber schon mit einfachen Brückentechniken können Sie sich durchaus längere Telefonnummern oder Zahlenreihen merken. Möchten Sie sich schnell die berühmte unendliche Zahl Pi mit den ersten 23 Stellen nach dem Komma einprägen? Nichts leichter als das. Lernen Sie doch bitte in den nächsten ein bis zwei Minuten folgendes Minigedicht:

»Hör, o Gott o Guter, Mathezahl Pi bringt keine Mühe
Lerne gewaltig motiviert Ziffern unendlich.
Das Pi mit Köpflein kann simpel zu merken sein.«

Wenn Sie glauben, dass Sie diese drei Zeilen im Kopf haben, bringen Sie diese zu Papier. Zählen Sie nun die Buchstaben jedes Wortes, und Sie können die 24 ersten Stellen dieser Zahl Pi recht einfach wiedergeben (Hör = 3 Buchstaben, o = 1 Buchstabe, Gott = 4 Buchstaben usw.) 3,14159265358979323846264 … (vgl. Seite 165).

Lassen Sie Ihrer Fantasie und Kreativität freien Lauf, Sie werden zu allem eine Merkbrücke finden. Brückentechniken unterschiedlichster Art lernen Sie in diesem Buch noch häufiger kennen.

Strukturtechniken

Der Buchstabe N der BRAIN-POWER-Formel steht – wie schon ausgeführt – für Nummerieren, Strukturieren, Sortieren, System, Ordnung und Logik. Er erinnert uns daran, dass wir auch die linke Gehirnhälfte nicht vernachlässigen sollten.

Verstreuen wir zum Beispiel einmal unsere tägliche Post wahllos im ganzen Haus, der Wohnung, im Garten. Bestimmte Briefe werden wir erst nach langem Suchen oder überhaupt nie mehr wiederfinden. Unsere Suche nach dieser speziellen Post (= Information) wird sicher schneller erfolgreich sein, wenn wir sie nur in einen bestimmten Raum geworfen haben. Wir suchen also gezielt nur noch in diesem einen Zimmer. Aber ist dieser Raum unaufgeräumt, werden wir auch hier ein gewaltiges Problem haben, den Brief (die Information) ausfindig zu machen.

Legen wir nun stattdessen unsere Post nach Themengebieten sortiert – Rechnungen, Infobriefe, Werbung, Anfragen, private Briefe usw. – jeweils in eine separate Ablage. Interessiert uns jetzt beispielsweise unsere Infopost, greifen wir sicher – ohne nachzudenken – in die richtige Schublade. Wenn in dieser nun schon 100 interessante Briefe aus verschiedenen Themengebieten liegen, ist unser nächstes Problem vorprogrammiert.

Hätten wir doch nur schon beim Posteingang auch diese Informationen nach Themen sortiert und in beschriftete Teilfächer in der Schublade abgelegt! Wir hätten uns dadurch noch einmal viel Zeit sparen können.

Je besser und genauer wir schon im Vorfeld sortieren, strukturieren, klassifizieren, umso schneller finden wir alles. Das gleiche Prinzip gilt einschränkungslos für unser Gedächtnis.

ÜBUNG

Sie sehen nachfolgend einen Informationssalat aus verschiedenen Begriffen:

Bär Kuchen Rose Wolf
Jasmin Tiger Tulpen Brot
Ei Maiglöckchen Käse
Salat Löwe

Strukturieren Sie die einzelnen Wörter, indem Sie diese in übergeordnete Klassen sortieren. In unserem Fall sind das die Schubladen: Tiere, Pflanzen und Lebensmittel. Reihen Sie nun die klassenbezogenen Wörter z. B. alphabetisch oder der Größe nach sortiert ein. Versuchen Sie, diese 13 Wörter in einigen Minuten zu wiederholen. Sie werden feststellen, dass Sie sich allein durch diese gezielte Strukturierung an vieles (vielleicht sogar an alles) erinnern können.

Eine zusätzliche Motivation für ältere Leserinnen: Ein niederländisches Forschungsteam hat festgestellt, dass Frauen im Alter über 85 Jahre im Schnitt schneller denken und ein besseres Gedächtnis haben als gleichaltrige Männer.

Für alle Gedächtnisstrukturen wie z. B. Ankersystemvarianten und strukturierte Mind-Maps (Denkkarten, siehe Seite 130ff.) ist das Trainieren dieser Fähig-

Eine besondere Motivation für jüngere Leserinnen und Ansporn für jüngere Leser: Astrid Pleßl aus Österreich, die 3-fache Gedächtnisweltmeisterin von 2002, 2003 und 2004 und 2. der Weltrangliste der Männer und Frauen 2004, ist erst 20 Jahre jung!

keit genauso wichtig wie Ihre zu erwartende Kreativitätsexplosion über die rechte Gehirnhälfte. Mit dem Buchstaben N können wir alle Lebensbereiche strukturieren, das beginnt mit dem Terminkalender und endet mit einer sinnvollen Klassifizierung des Universalwissens (siehe Seite 132). Einem zunächst oft verschwommenen, nicht selten chaotischen Aufgabenfeld geben wir eine Struktur.

So wie Sie einem Computerprogramm eine bestimmte Form verleihen müssen, dass es von anderen und auch von Ihnen selbst noch gelesen werden kann, können Sie Ihre Aufgaben nach zeitlichen, räumlichen oder thematischen Gesichtspunkten strukturieren. Auch Ihre eigenen Lern- und Gedächtnisveranlagungen sollten Sie sortieren, um dann schwerpunktmäßig mit den Bereichen zu arbeiten, die Ihnen besonders liegen.

In den folgenden Kapiteln werden Sie viele Möglichkeiten finden, Ihre Strukturierungsfähigkeit auszubauen, zu optimieren und sich mit gänzlich neuen Memorierstrukturen anzufreunden.

Zahl-Klang-Systeme

Unter Klangsystemen versteht man Memoriertechniken, die auf Klangähnlichkeiten und Klangassoziationen beruhen. Sie können diese Techniken nicht nur für Zahlen, sondern grundsätzlich unterstützend für alle Lebensbereiche verwenden.

Wenn Sie Wörter wählen, die Sie durch ihren Klang an bestimmte Zahlen erinnern, arbeiten Sie mit einem Zahl-Klang-System. Hören Sie zum Beispiel Mainz (Mainzer Dom, Mainzer Fastnacht) könnten Sie an die Zahl eins (1) erinnert werden, Stroh = zwo (2), Brei = drei (3), Bier = vier (4), Strümpf = fünf (5), Sex = sechs (6), Rüben = sieben (7), Pracht = acht (8), Scheun = neun (9), Zehen = zehn (10) usw. Die Null allein könnte ein Schnuller sein oder (Red) Bull.

Überlegen Sie mal: Welche anderen Wörter fallen Ihnen für die Zahlen 1 bis 10 ein? Wenn Sie Lust haben, (er)finden Sie doch möglichst schnell auch noch Zahl-Klang-Wörter für die Zahlen 11 bis 20.

Natürlich können Sie Zahl-Klang-Systeme zum Merken von Zahlen verwenden: Sie essen in einer »Scheun« auf »Stroh« Ihren »Brei« mit »Rüben« und trinken dazu ein »Bier« – und schon haben Sie die Zahl 92374. Allerdings werden Sie in diesem Buch bessere Techniken für das Zahlenmerken kennen lernen. Darüber hinaus jedoch können Zahl-Klang-Systeme als Ankersystem verwendet werden, um sich neue Begriffe – wahlfrei abrufbar – einzuprägen.

Im LGS-Check 1 (visuell-abstrakt) sollten Sie sich zehn Begriffe merken. Der Reihenfolge nach waren

Tatsächlich: Auch im hohen Alter fällt das Lernen wieder leicht.

PRIV.-DOZ. DR. W. ROGNER (76)
INNOPRO-Seminarteilnehmer

dies: Asterix, Torero, Rauchschwaden, Loreley, Sauna, Spaghetti, James Bond, olympisches Feuer, Portwein und Mozartkugeln. Ist Ihnen das schwer gefallen?

Versuchen Sie jetzt einmal, sich diese zehn Begriffe mit dem Zahl-Klang-System zu merken: Als Erstes tanzt Asterix auf dem Mainzer Dom, als Zweites sehen Sie, wie ein Torero gegen Stroh(ballen) kämpft usw. Lassen Sie Ihrer Fantasie bei diesem einfachen Verknüpfen der Zahl-Klang-Bilder mit den jeweiligen Begriffen freien Lauf.

Prüfen Sie nun, ob Sie die zehn Begriffe nicht nur der Reihenfolge nach, sondern auch beliebig abrufen können. Was war an fünfter Stelle? Aha, die fünfte Stelle ist ja »Strümpf« – und was mache ich mit diesen? Die ziehe ich mir gerade in der »Sauna« an ...

Ist Ihnen übrigens aufgefallen, dass die einzelnen Begriffe an die EU-Länder erinnern? So steht Asterix für Frankreich, Torero für Spanien usw. Ein kleiner Anreiz für diese Memorierübung: Wenn Sie die zehn Begriffe der Reihenfolge nach hinkriegen, haben Sie automatisch die zehn flächenmäßig größten EU-Länder (vor der Erweiterung am 1. Mai 2004) gelernt. War doch einfach, oder? Die durch die EU-Erweiterung verursachten Änderungen der Reihenfolge lernen Sie schnell auf Seite 115ff.

Besonders gut können Sie Klangsysteme durch Klangähnlichkeiten zum Lernen von Fremdwörtern, Vokabeln, Namen usw. verwenden. Gerade dieser Aspekt wird Ihnen in diesem Buch noch häufig begegnen.

Zahl-Form-Systeme: Die magischen 100

Das Zahl-Form-System ist besonders wirkungsvoll, da bei dieser Technik sowohl die linke als auch die rechte Gehirnhälfte angesprochen wird. Aufgrund dieser parallelen Eindrücke wird die Memorierfähigkeit für Zahlen und Bilder schlagartig gesteigert. Wenn Sie zum Beispiel einen Schwan sehen (rechte Gehirnhälfte), der die Form der Zahl 2 (linke Gehirnhälfte) hat, können Sie sich durch die parallele Aktivierung Ihrer Gehirnhälften dieses Bild besonders gut einprägen. Hat der Schwan dann vielleicht noch ein Ei im Schnabel, so wird Sie dieses Zahl-Form-Bild sofort an die Zahl 02 erinnern. Ab Seite 88 finden Sie einen kompletten Zahl-Form-Code von 01 bis 100.

Wenn Sie sich diesen Bilder-Zahlen-Schlüssel von 01 bis 100 aneignen, habe Sie ein fantastisches Memoriersystem zur Hand. Mit diesem System können Sie einerseits Hunderte von Begriffen verankern und – ohne lang nachdenken zu müssen – an der richtigen Position wieder abrufen. Andererseits werden Sie feststellen, dass man mit diesem Zahl-Form-System natürlich auch – eingehängt in andere Ankersysteme – überraschend problemlos zigstellige Zahlen memorieren kann. (Die unter den einzelnen Bildern in Klammern stehenden Buchstaben brauchen Sie vorerst nicht zu beachten.)

Wenn Sie besonders schnell zu verblüffenden Gedächtnisleistungen kommen wollen, erlernen Sie den vorgestellten Zahl-Form-Code, die magischen 100,

Geheimzahl, Kontonummer, Telefonnummern – was für ein breites Übungsfeld. Legen Sie die magischen 100 zugrunde, ranken Sie schöne Geschichten darum und verankern Sie sie gut. Sie werden nie mehr ratlos vor dem Bankautomaten oder dem Telefon stehen. Mit diesen magischen 100 können Sie sich gleichzeitig mindestens 100 beliebige Begriffe, Informationen oder Fakten merken.

möglichst schnell – was erfahrungsgemäß nicht lange dauert. Damit Ihnen das spielerische Erlernen dieses Zahl-Form-Systems rasch gelingt, als Vorschlag eine kleine Einstiegsübung.

ÜBUNG

Erster Schritt

Nehmen Sie sich zehn Minuten Zeit, um in dieses zentrale Kapitel der Zahl-Form-Bilder einzutauchen. Schauen Sie sich jedes Bild von 01 (die erste Stelle Ihrer Memorierliste oder auch die Zahl 01) bis 100 (das letzte Bild 00 ist die Zahl 00 oder auch 100) etwa sechs Sekunden lang an. Prägen Sie sich zum Beispiel für die Zahl 01 das gesamte Bild mit Kerzenständer ein, und sehen Sie gleichzeitig die stark hervorgehobene, in das Bild integrierte Zahl mit den Ziffern 0 (im Kerzenständer) und 1 (die Kerze selbst hat die Form einer 1).

Setzen Sie beim Betrachten alle Ihre Emotionen ein. Spüren Sie die Wärme der Kerze? Vielleicht flackert das Licht etwas? Fühlen Sie eine angenehme Atmosphäre durch den Kerzenschein? Sehen Sie, wie geschmolzene Wachstropfen die Kerze herunterrinnen?

Setzen Sie unsere BRAIN-POWER-Regel ein. Allein dadurch werden Sie sich an vieles mehr erinnern als erwartet.

Zweiter Schritt

Investieren Sie jetzt nochmals maximal zehn Minuten zur Wiederholung. Nehmen Sie sich ein Blatt Papier und einen Bleistift. Gehen Sie nun in Gedanken – das Buch zugeklappt – die Zahlen von 1 bis 100 durch. Bei jeder Zahl versuchen Sie, das Zahl-Form-Bild vor Ihrem geistigen Auge aufzubauen. Schreiben Sie die Zahlen der Zahl-Form-Bilder, die Ihnen nicht sofort einfallen, auf Ihren Zettel.

Dritter Schritt

Schauen Sie erst jetzt im Buch nach, welche Zahl-Formen Ihnen zu den entsprechenden Zahlen beim ersten Durchlauf nicht eingefallen sind (vielleicht sind es gar nicht so viele). Konzentrieren Sie sich nur auf diese Bilder und überlegen Sie, warum Sie gerade diese speziellen Bilder im Moment nicht mehr griffbereit haben. Haben Sie vielleicht zu wenig Emotionen eingesetzt, oder liegen Ihnen diese Bilder nicht hundertprozentig? Trifft Letzteres zu, lassen Sie Ihrer Fantasie freien Lauf, um diese Zahl-Form-Bilder in Gedanken so zu verändern, dass sie Ihnen gefallen. Passen Sie die Bilder Ihrem Lern- und Gedächtnistyp an.

Ich habe gelernt, verschiedenste Dinge, Zahlen, Eigenschaften und Formeln innerhalb kürzester Zeit zu behalten! Dieses Seminar wird mein Lernen revolutionieren!

TIM-P. SCHOLTEN (25)
Student, Wirtschaftsinformatik & EDV-Unternehmer, INNOPRO-Seminarteilnehmer

Vierter Schritt

Wenn Sie sich noch fit fühlen, machen Sie doch zum Abschluss rasch eine kleine Gehirnjoggingübung. Unter der Bezeichnung des jeweiligen Zahl-Form-Bilds steht in Klammern eine Buchstabenfolge, die jeweils von rechts nach links gelesen eines der offiziellen 100 Wörter des 20. Jahrhunderts ergibt (vgl. Seite 156). Nehmen Sie eine Uhr und stoppen Sie die Zeit. Wie schnell können Sie alle 100 Wörter lesen und den Sinn verstehen?

In den nächsten Tagen sollten Sie nach Lust und Laune die obigen Schritte wiederholen. Sie werden sehen, dass Sie diesen Zahl-Form-Code immer schneller abrufen können. Ist es nicht erstaunlich, wozu Ihr Gedächtnis in der Lage ist? Wieder einmal haben Sie bewiesen, dass Sie noch lange nicht zum alten Eisen gehören!

01

Kerze
(SDIA)

02

Schwan
(MUKITOIBITNA)

03

Dreirad
(DIEHTRAPA)

04

Blitz
(EBMOBMOTA)

05

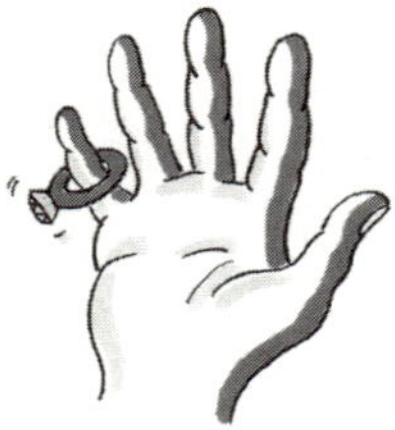

Hand
(NHABOTUA)

06

Elefant
(GNUREISITAMOTUA)

07

Beil
(TAEB)

08

Achterbahn
(NOTEB)

09

Marsmännchen
(INIKIB)

10

Baseballspiel
(TRAWKCOLB)

11

Dom
(SUMSIWEHCSLOB)

12

Wecker
(GNIPMAC)

13

Kalender
(SCIMOC)

14

Bürostuhl
(RETUPMOC)

15

Kran
(GNUREISITARKOMED)

16

Angler
(NOITARTSNOMED)

17

Geodreieck
(EIPOKSOMED)

18

Schneemann
(NOITATROPED)

19

Pfeife
(NGISED)

20

Fußballer
(GNIPOD)

21

Opa
(TLEWETTIRD)

22

Schlangen
(NEGORD)

23

Gepäckwagen
(GNAHROV RENRESIE)

24

Schiff
(NOITAPIZNAME)

25  Urkunde (ESIRKEIGRENE)	**26**  Rucksack (GNUGROSTNE)	**27**  Küchenrolle (SUMSIHCSAF)
28  Bierkrug (NEHESNREF)	**29**  Pirat (MLIF)	**30**  Kinderwagen (DNABSSEILF)
31  Nähfaden (GUEZGULF)	**32** 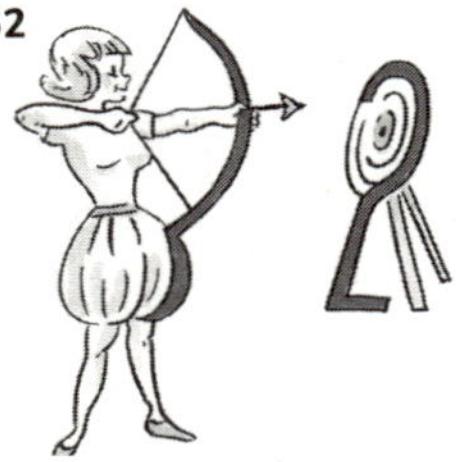 Bogenschütze (TIEZIERF)	**33**  Hasen (RERHÜF)
34  Kakteen (GNUGEWEBSNEDEIRF)	**35**  Rollstuhl (SUMSILATNEMADNUF)	**36**  Basketball (NEG)

37

Flagge
(GNUREISILABOLG)

38

Vogelnest
(TSUACOLOH)

39

Kegeln
(EGAMI)

40

Rikscha
(NOITALFNI)

41

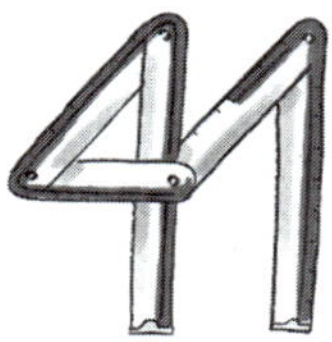

Zollstock
(NOITAMROFNI)

42

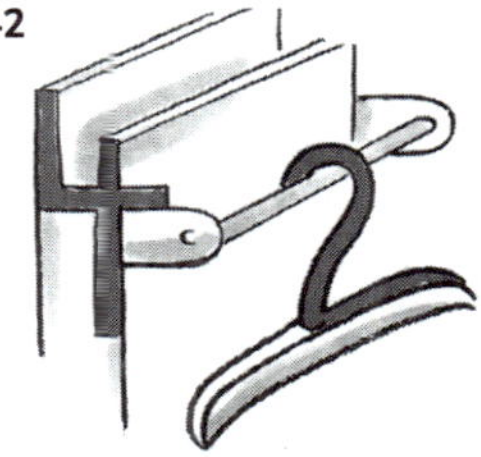

Garderobe
(SNAEJ)

43

Punker
(LITSDNEGUJ)

44

Soldaten
(GEIRK RETLAK)

45

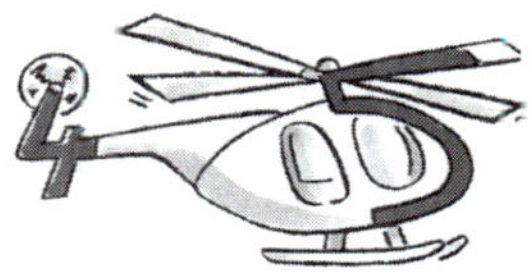

Hubschrauber
(IMMUGUAK)

46

Sekt
(EHPORTSATAKAMILK)

47

Bügeleisen
(NOITAKINUMMOK)

48

Gabelstapler
(REGALSNOITARTNEZNOK)

49

Polizist
(ETRAKTIDERK)

50

Goldene Hochzeit
(REBIERHCSLEGUK)

51

Hund
(GEIRKTFUL)

52

Gänse
(AIFAM)

53

Strandkorb
(NOITALUPINAM)

54

Bombe
(NEIDEMNESSAM)

55

Recht
(LIATKCOCWOTOLOM)

56

Rennauto
(GNUDNALDNOM)

57

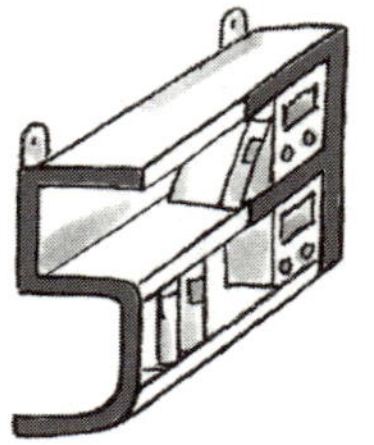

Regal
(NOITULOVERREBOTKO)

58

Seifenblasen
(REZNAP)

59

Blumenmädchen
(AKIORTSEREP)

60

Roller
(ELLIP)

61

Clown
(TFAHCSTRIWNALP)

62

Herz
(POP)

63

Ampel
(ESYLANAOHCYSF)

64

Radio
(RADAR)

65

Lok
(OIDAR)

66

Kirschen
(SSULHCSREVSSIER)

67

Schülerin
(EIROEHTSTÄTIVITALER)

68

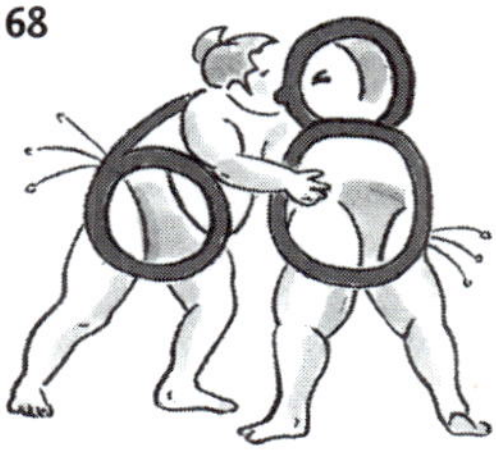

Ringer
(LLOR N KCOR)

69

Yin-Yang
(TILLETAS)

70

Hammer
(GNUREBUÄS)

71

Fenster
(SSEZORPUAHCS)

72

Stelzen
(RETÄTHCSITBIERHCS)

73

Obst
(TIEBRAZRAWHCS)

74

Klavier
(LUWHCS)

75

Kreuz
(GATIERF REZRAWHCS)

76

Vulkan
(GNUHCILKRIWREVTSBLES)

77

Bumerang
(XES)

78

TV-Gerät
(TFAHCSTRIWTKRAM ELAIZOS)

79

Hai
(ELGNIS)

80

Computer
(TROPS)

81

Geige
(KINTUPS)

82

Sanduhr
(RATS)

83

Katze
(UATS)

84

Schaukelpferd
(EFLIHEBRETS)

85

Oma
(SSERTS)

86

Billard
(SUMSIRORRET)

87

Galgen
(TOOB-U)

88

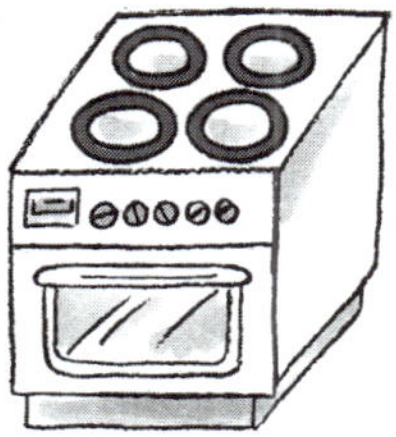

Küchenherd
(ZTUHCSTLEWMU)

89

Dusche
(LLANKRU)

90

Schildkröte
(GNUGNÄRDREV)

91

Pinocchio
(NIMATIV)

92

Kaffeemühle
(DNUBREKLÖV)

93

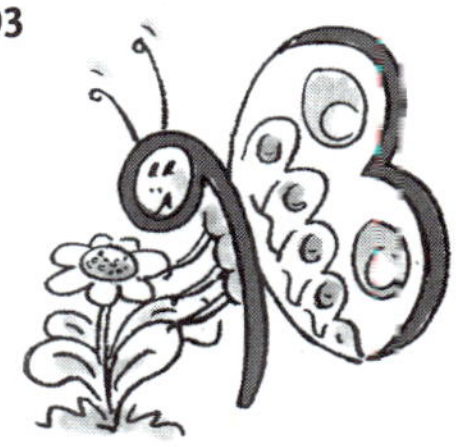

Schmetterling
(DROMREKLÖV)

94

Rutsche
(NEGAWSKLOV)

95

Dino
(MROFERSGNURHÄW)

96

Jojo-Spieler
(GEIRKTLEW)

97

Sensenmann
(EDNEW)

98

Cowboy
(GNUBREW)

99

Eis
(GNUGINIEREVREDEIW)

00

Klo
(REZTARKNEKLOW)

Auf Seite 122/123 finden Sie alle Zahl-Form-Bilder auf einer Doppelseite, die Sie zur Hand nehmen können, wenn Sie Ihre Erinnerung auffrischen möchten.

Körpersysteme

Das Körpersystem ist ein hervorragendes Ankersystem mit einem unschätzbaren Vorteil: Sie haben es immer dabei. Ob Sie zum Einkaufen gehen, eine Besprechung oder einen Vortrag halten müssen, Ihre Gedächtnishilfen sind in Griffnähe.

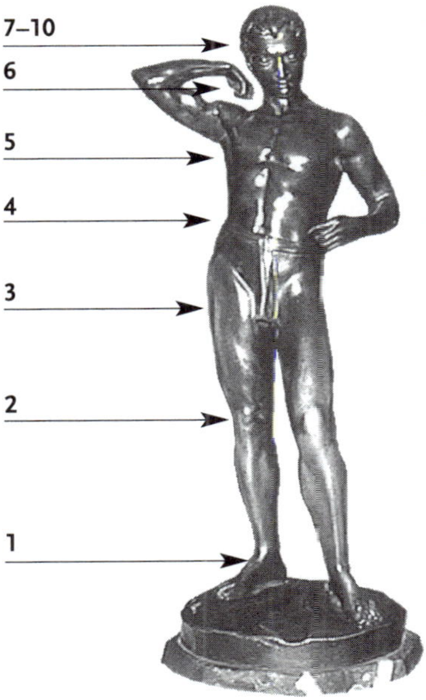

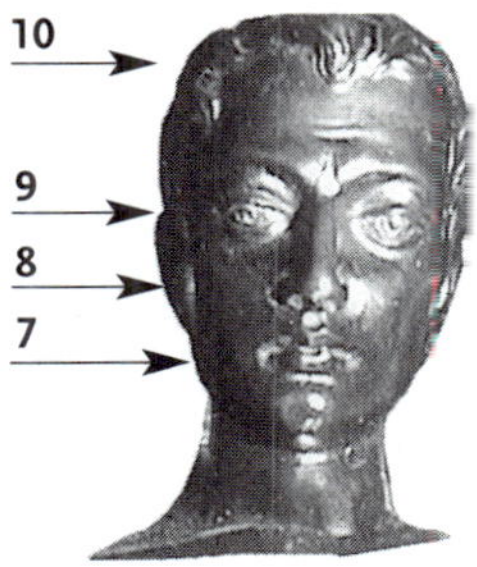

1 = Fuß
2 = Knie
3 = Po
4 = Bauch
5 = Herz
6 = Hand/Hände
7 = Mund
8 = Nase
9 = Augen
10 = Kopf/Haare

ÜBUNG

EU-Staaten

Stellen Sie sich vor, Sie müssen zur Abwicklung von Geschäften in die Hauptstädte verschiedener EU-Staaten fliegen, und zwar in einer genau vorgegebenen zeitlichen Reihenfolge. Im folgenden Beispiel beginnen wir mit Luxemburg als erstes Besuchsziel:

Ein Luchs wohnt oben auf der Burg = Luxemburg (Luxemburg)

Auf einer Kuppe steht ein großer Haken = Kopenhagen (Dänemark)

Rüssel = Brüssel (Belgien)

Ein Teddybärlein = Berlin (Deutschland)

Wiener Würstchen = Wien (Österreich)

Ein Laib Pariser Brot = Paris (Frankreich)

Der Hamster baut einen Damm = Amsterdam (Niederlande)

Ein Glas Tee mit Rum = Rom (Italien)

Bruchlandung = London (Großbritannien)

Ich schlage mit einem Stock auf einen Helm = Stockholm (Schweden)

Verknüpfen Sie bildhaft und fantasievoll den Luchs, dessen Wohnsitz eine Burg ist, mit Ihrem Fuß. Das Knie wird mit Kuppe und Haken verknüpft und so weiter. Sie werden bei der Besprechung keinen Spickzettel brauchen.

ÜBUNG

Einkaufsliste

Eine alltägliche Situation. Sie gehen einkaufen und möchten keines der folgenden Produkte vergessen:

Spaghetti	Tomaten	Zwiebeln
Käse	Petersilie	Wein
Sahne	Knoblauch	
Olivenöl	Pfeffer	

Die Vorgehensweise ist Ihnen nun schon vertraut: Sie befördern die Spaghetti mit dem Fuß in den Einkaufswagen, reiben den Käse auf Ihrem Knie usw.

Was aber, wenn Sie einen Großeinkauf zu tätigen haben? Ganz einfach: Beginnen Sie wieder bei unserem Anker Nummer 1, dem Fuß, an dem nun auch der elfte Artikel verankert wird. Und zwar machen Sie diesmal eine Querverknüpfung.

Nehmen wir an, der elfte Artikel Ihrer Einkaufsliste ist ein Fisch, dann sehen Sie beispielsweise, wie Sie einen Fisch mit Spaghetti füttern, oder Sie stellen sich vor, an den Spaghetti baumelt ein Fisch. Nummer zwölf ist Joghurt? Streuen Sie den geriebenen Käse über einen Joghurt.

Lassen Sie Ihrer Fantasie freien Lauf, freuen Sie sich an den komischen Bildern (das R wie ridiculous in BRAIN, Sie erinnern sich?). Mit diesem System werden Sie die jüngere Generation schon bald in den Schatten stellen. Viel Spaß dabei!

ÜBUNG

Daten

Angenommen, Sie müssen sich für einen Vortrag wichtige Daten und Ereignisse merken, beispielsweise dass die Glühbirne im Jahr 1879 erfunden wurde. Ankern Sie die beiden Zahl-Form-Bilder 18 = Schneemann und 79 = Haifisch am Fuß, die Erfindung der Glühbirne am Knie. Selbstverständlich können Sie die Reihenfolge auch vertauschen, dann wäre die Glühbirne am Fuß und die Jahreszahl 1879 am Knie. Legen Sie sich aber unbedingt vorher fest. Merken Sie sich nun, dass im Jahr 1963 das ZDF den Sendebetrieb aufgenommen hat. Ankern Sie an Po und Bauch.

Übrigens: Wenn Ihnen Ihr eigener Körper nicht ausreicht, nehmen Sie den Körper Ihrer Freundin, Ihres Freundes, Ihrer Nachbarin, Ihres Kollegen, Ihres Chefs, von einem Sportler, einem Schauspieler, einem Sänger – dann geht der Spaß erst richtig los!

Probieren Sie es weiter mit:

1795: Erfindung des Bleistifts

1895: Gillette erfindet den Rasierapparat.

1964: Martin Luther King erhält den Friedensnobelpreis.

In diesem Beispiel haben Sie souverän zwei Zahl-Form-Bilder (z. B. 18 und 79) gemeinsam an einer Körperstelle verknüpft, sodass sich 1879 ergibt. Wenn Sie es sich zutrauen, können Sie natürlich auch eine dreifache Verknüpfung wagen: Aus Ihrem Fuß sehen Sie eine riesige neue Glühbirne wachsen, an der sich ein Schneemann (18) wärmt, der von einem Haifisch (79) gebissen wird. Auch hier sind Ihrer Fantasie keine Grenzen gesetzt.

Raumsysteme

Raumsysteme lassen sich für fast alle Memorieraufgaben gut verwenden, gerade für Vorträge sind sie bestens geeignet. Voraussetzung ist natürlich, dass Sie den Raum und Ihren genauen Standort kennen. Ordnen Sie dann Ihre Ankerpunkte in Ihrem Vortragsraum so an, dass Sie diese immer vor Augen haben. Es wäre natürlich kontraproduktiv, wenn Sie sich ständig umdrehen müssten. Liegen die Ankerpunkte vor Ihnen, haben Sie Blickkontakt mit Ihrem Publikum und gleichzeitig einen geheimen Spickzettel. Mit etwas Training werden Sie in naher Zukunft Ihre Vorträge und

Reden – sei es in der Firma, bei einem Familienfest, im Verein oder wo auch immer – mit einem Raumsystem optimal vorbereiten und ganz ohne Manuskript auftreten können.

ÜBUNGEN

Raumsystem mit 10 Orten

Verwenden Sie für diese Übung das in der Abbildung auf der vorhergehenden Seite vorgestellte Raumsystem. Halten Sie einen Vortrag darüber, dass die folgenden Utensilien in allen Büros vorhanden sein sollten (oder verbannt werden müssen):

1. Tacker
2. Bleistift
3. Feuerzeug
4. Spitzer
5. Schere
6. Uhu
7. Tasse
8. Buch
9. CD
10. Batterie

Hier eine kleine Starthilfe: Jeden Morgen, wenn Sie ins Büro kommen, steht die Tür des Schrankes offen, deshalb tackern Sie diese zu. Im Blumentopf steckt ein Bleistift, die Pflanze ist aus diesem Grund eingegangen. Den Rest überlassen wir Ihrer Fantasie ...

Raumsysteme lassen sich in allen geschlossenen Räumen unterbringen: Wohnzimmer, Küche, Bad, Klo, Büro, Treppenhaus. Ebenso gut können Sie ein solches Ankersystem am Fahrrad, Motorrad, im Auto, am Computer, im Garten usw. unterbringen. Sie können auch Ihre tägliche Strecke zur Arbeit oder zum Einkaufen wählen. Oder machen Sie die Straße, in der Sie wohnen, vielleicht sogar die ganze Stadt zu Ihrem Ankersystem. In diesem Fall haben Sie sich für ein so genanntes Reise- oder Routensystem entschieden. Auch die Reise in den Urlaub, der Urlaubsort selbst, kurz, alles, was Eindruck auf Sie macht, ist geeignet, vorausgesetzt, Sie haben immer die richtige Reihenfolge der Orte und/oder Ereignisse vor sich.

Mit Hilfe solch eines Raumsystems mit 24 Orten demonstrierte Isabel Stanek (Tochter des Autors) in der ARD »Guinness-Show der Rekorde« die Wirksamkeit dieser Memotechniken. In einem spannenden Duell mit der Gedächtnisweltmeisterin Astrid Pleßl aus Österreich stellte sie einen neuen Guinness Gedächtnisweltrekord auf. In 48 Sekunden gelang es Isabel, 23 unbekannte Bilder eines Adventskalenders zu memorieren und in der richtigen Reihenfolge wiederzugeben.

Raumsystem mit 24 Orten

Bei dieser Übung prägen Sie sich in einer definierten Reihenfolge 24 Orte in Ihrer Wohnung oder Ihrem Haus genau ein. Dann durchwandern Sie im Geiste diese Route und verknüpfen jede Station jeweils mit einem Bild der folgenden Liste aus der Guinness-Show:

1. Mond	13. Lebkuchenhaus
2. Computer	14. Bär
3. Liegestuhl	15. Schlitten
4. Inliner	16. Regenschirm
5. Katze	17. Wasserhahn
6. Apfel	18. Stern
7. Kerze	19. Ski
8. Pferd	20. Geschenk
9. Buch	21. Regenbogen
10. Krippe	22. Uhr
11. Kaminkehrer	23. Schneemann
12. Zug	24. Tannenbaum

Sind Sie überrascht, wie viel Sie sich merken können?

ÜBUNG

Reisesystem

Testen Sie das Raumsystem Reise mit diesen Begriffen:

1. Computer
2. Schmetterling
3. Basketball
4. Stelzen
5. Flagge
6. Dusche
7. Bombe
8. Schildkröte
9. Opa
10. Ampel

❶

❷

❸

❹

❺

❻

❼

❽

❾

❿

Auch hier ein paar Hinweise: Im ersten Bild, dem Start Ihrer Reise, steigen Sie mit einem Computer in das Flugzeug, oder Sie setzen ihn auf den Tragflügel oder auf die Erdkugel usw. Sie haben auch hier wieder zahlreiche Verknüpfungsmöglichkeiten. Im zweiten Bild sehen Sie ganz plastisch, wie ein riesiger Schmetterling zwischen den Wolkenkratzern flattert etc. Lassen Sie bei den folgenden Bildern Ihrer Fantasie freien Lauf.

Allein das Suchen und Assoziieren von Bildern trainiert Ihr Gehirn und ist insofern weit mehr als nur Mittel zum Zweck.

Für Menschen, die sich sehr gut an Urlaubsreisen und persönliche Ereignisse erinnern können, sind die Raumsysteme bestens geeignet. Konstruieren Sie einfach Systeme, die Ihr so genanntes episodisches Gedächtnis automatisch liefert. Eine bestimmte Reihenfolge vorausgesetzt, werden Sie schlagartig Ihre Gedächtnisleistung wesentlich steigern. Sie setzen nämlich angenehme Emotionen beim Merken von Neuem ein – und Ihr Lernen ist nicht mehr mit Stress, sondern mit Spaß verbunden.

Konnten Sie die Begriffe in diesen Raumsystemen gut memorieren? Wenn ja, sind Sie gleichzeitig auch schon ein recht beachtlicher Zahlenprofi, der sich problemlos eine 20-stellige Zahl merken kann. Das glauben Sie nicht? Blättern Sie doch bitte zum Zahl-Form-Code (Seite 88ff.) zurück, und vergleichen Sie die dortigen Bilder mit den darin versteckten Zahlen: Im Computer sehen Sie die Zahl 80, im Schmetterling die Zahl 93 usw. (Übrigens stecken hinter diesen Bildern die Zahlen 80, 93, 36, 72, 37, 89, 54, 90, 21, 63 aus dem Vorschlag für Check 11.)

Uhrensysteme

Die Uhrensystem-Memoriertechnik kann auf alle Wissensgebiete angewendet werden (siehe hierzu auch Seite 132 mit weiteren Wissenszweigen). Exemplarisch soll diese Technik hier für Anwendungen aus der Geographie gezeigt werden.

Die Uhr ist uns von Kindheit an vertraut. Wir brauchen nicht zu überlegen, wo der Stundenzeiger steht, wenn es 4 Uhr in der Früh oder 16 Uhr am Nachmittag ist. Wollen wir uns nun bestimmte Bilder in der richtigen Reihenfolge – wahlfrei abrufbar – an dieser Stelle merken, so hängen wir sie einfach an die entsprechende Zeigerposition. Wenn wir die Bilder in der gesamten Uhr vor unserem geistigen Auge haben, wissen wir sofort, dass diese beispielsweise an der 4. Stelle (innen: eine Erdkugel mit Weste) oder an der 16. Stelle (außen: mehrere aufeinander turnende Tiere) hängen.

Im Uhrensystem rechts sind die Bundesländer nach der Größe ihrer Fläche sortiert. An der ersten Stelle steht Bayern, an der zweiten Niedersachsen, es folgen Baden-Württemberg, Nordrhein-Westfalen, Brandenburg, Mecklenburg-Vorpommern, Hessen, Sachsen-Anhalt, Rheinland-Pfalz, Sachsen, Thüringen, Schleswig-Holstein, Saarland, Berlin, Hamburg und Bremen (das flächenmäßig kleinste Bundesland). Die Bundesländer sind durch die gewählten Bilder gut zu memorieren. Selbstverständlich könnten Sie statt des Ankersystems Uhr auch das Körpersystem oder ein Raumsystem als Mnemoanker verwenden.

Können Sie anhand der Bilder 1 bis 16 erkennen, wa-

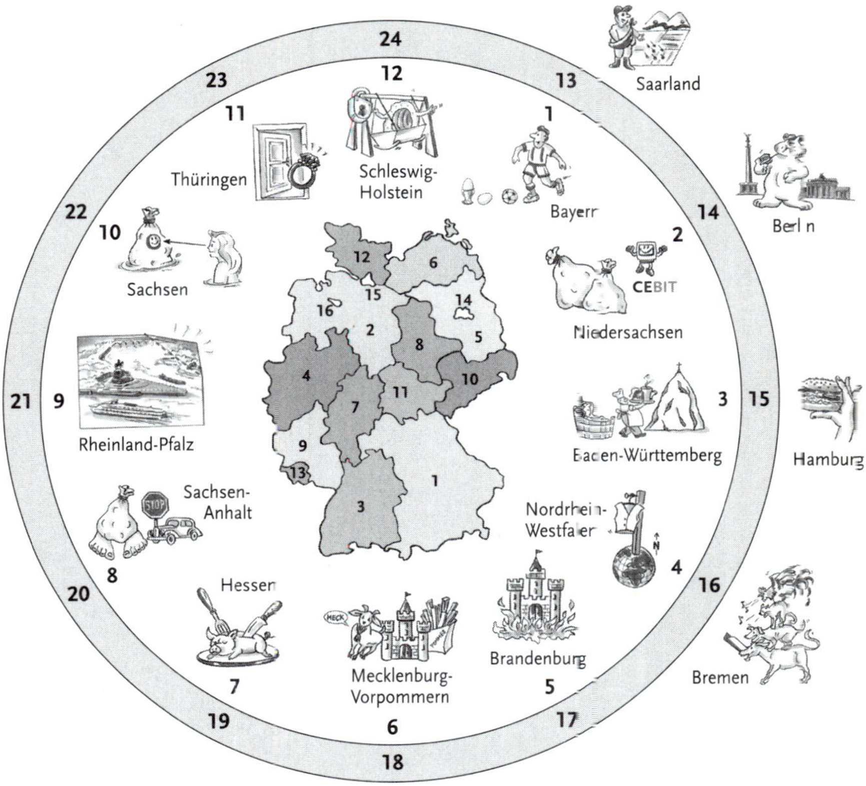

rum diese die einzelnen Bundesländer wiedergeben? Nehmen Sie unsere Uhr nur als Vorschlag, natürlich können Sie sich auch für andere Bilder entscheiden, sofern Ihnen diese plausibler erscheinen. Wenn Sie sich an ein Wahrzeichen in einem Bundesland gut erinnern können, wählen Sie dieses, so können zum Beispiel für Berlin als flächenmäßig vierzehntgrößtes Bundesland die Siegessäule, der Reichstag oder andere Monumente stehen. Nur das Brandenburger Tor könnte Sie auf die falsche Fährte leiten, da dieses bekannte Wahrzeichen

Gefühl ist alles. Name ist Schall und Rauch. Dieses Zitat aus Faust, Teil I, gewinnt in diesem Zusammenhang noch eine zusätzliche Bedeutung.

an das Bundesland Brandenburg erinnert, jedoch in Berlin steht. Vielleicht arbeiten Sie auch gerne mit namensähnlichen Assoziationen, wie zum Beispiel Hamburger (fünfzehntgrößtes Bundesland), Bremer Stadtmusikanten (sechzehntgrößtes Bundesland) etc. Bei den meisten anderen Bundesländern ist man häufig gezwungen, selbst kreative merkfähige bzw. »merk«-würdige Namen zu erfinden. (Diese Methode verwenden wir auch beim Merken von komplizierten Namen und Fremdwörtern, vgl. Seite 141.) So könnten Sie sich an das sechstgrößte Bundesland Mecklenburg-Vorpommern über folgendes Bild erinnern: Eine meckernde Ziege lehnt an einer Burg, die vor einer Tüte mit Pommes steht.

Lassen Sie Ihrer Kreativität und Wortschöpfungsfähigkeit freien Lauf. Ihrer blühenden Fantasie sind keine Grenzen gesetzt. Es gibt so viele Möglichkeiten. Beispielsweile wollen Sie Sachsen merkfähig machen. Sie können beispielsweise einen Sack sehen oder ein Sack schwimmt in Seen. Vielleicht haben Sie lieber einen Sack mit Zehen vor sich, oder Sie bringen einfach nur Ihre Sachen in Ordnung ...

Diese Memorierübungen sind nebenbei eine ausgezeichnete Wortfindungsübung, wobei wir unseren passiven Wortschatz in einen aktiven umwandeln.

ÜBUNG

Erster Schritt: Studieren Sie das obige Uhrensystem mit den Bundesländern, nachdem Sie nachstehende Zeilen gelesen haben. Setzen Sie beim Lesen beide Gehirnhälften ein: Nutzen Sie die Kombination der Fähigkeiten der linken Gehirnhälfte (Struktur, Nummerieren, Sortieren, Ordnung, Wörter, Logik) mit denen der rechten Gehirnhälfte (Bilder, Imagination, Fantasie, Assoziationsfähigkeit und plastisches merkfähiges Verknüpfen). Assoziieren Sie zu den einzelnen Skizzen die jeweiligen Bundesländer. Wie schon erwähnt sollten Sie Ihre eigenen Merkbilder finden, wenn Ihnen ein vorgestelltes nicht passt.

Zweiter Schritt: Memorieren Sie nun die 16 Bundesländer der Fläche nach sortiert in der richtigen Reihenfolge.

Dritter Schritt: Fragen Sie wahlfrei ab: Welches Bundesland ist das neuntgrößte, das fünftgrößte, das elftgrößte? An welcher Stelle stehen das Saarland, Sachsen-Anhalt, Sachsen, Niedersachsen? Wenn Sie sich die Uhr mit Zeiten und entsprechenden Bildern vorstellen, stellt Sie das vor kein allzu großes Problem mehr.

Vierter Schritt: Beweisen Sie sich nun, dass Sie zusätzlich auch noch die 15 alten EU-Staaten – ebenfalls der Fläche nach sortiert – memorieren können und wahrscheinlich nie mehr vergessen werden. Auch hier beginnen wir mit dem größten. Wissen Sie's noch (vgl. Seite 84)? Bei dem jeweiligen EU-Land stehen in Klammern so genannte Assoziationsbilder (AB), die Sie sich jeweils mit den Bildern der entsprechenden Bundesländer verknüpft vorstellen. Merken Sie sich also nur diese Assoziationsbilder.

BEISPIEL

Das flächenmäßig größte EU-Land ist Frankreich (AB z. B. Eiffelturm, Asterix etc.). In der Bundesländer-Memo-Uhr verknüpfen Sie plastisch mithilfe der BRAIN-

Haben Sie Feuer gefangen? Vielleicht haben Sie sogar Lust, Ihre neu erworbenen Lernfähigkeiten in einem Studium einzusetzen. Es ist nie zu spät. Hier ein kleiner motivierender Hinweis: Im Prüfungsjahr 1999 waren von den an deutschen Hochschulen frisch gekürten Doktoren immerhin 80 über 60 Jahre alt.

POWER-Regel den Eiffelturm (oder Asterix etc.) mit dem Münchner Olympiastadion, indem aus dem Spielfeld der Eiffelturm herausragt oder ein Fußballspieler von Bayern München gerade die Spitze des Eiffelturms abschießt etc.

Damit wissen Sie nun sicher: Das flächenmäßig größte deutsche Bundesland ist Bayern, das flächenmäßig größte EU-Land ist Frankreich. Lassen Sie Ihrer Fantasie und Kreativität freien Lauf, wenn Sie plastische Verknüpfungen zwischen dem zweitgrößten (drittgrößten etc.) Bundesland und dem zweitgrößten (drittgrößten etc.) EU-Land kreieren. Bis 1. Mai 2004 standen an zweiter bis fünfzehnter Stelle folgende, der Fläche nach sortierte EU-Staaten:

2. Spanien (AB z. B. Torero)
3. Schweden (AB z. B. Schwaden)
4. Deutschland (AB z. B. Loreley)
5. Finnland (AB z. B. Sauna)
6. Italien (AB z. B. Spaghetti)
7. Großbritannien (AB z. B. Big Ben)
8. Griechenland (AB z. B. Olympiade)
9. Portugal (AB z. B. Portwein)
10. Österreich (AB z. B. Mozartkugeln)
11. Irland (AB z. B. Irish Coffee)
12. Dänemark (AB z. B. Dino mit Mark)
13. Niederlande (AB z. B. Tulpen)
14. Belgien (AB z. B. Atomium)
15. Luxemburg (AB z. B. Luchs in Burg)

Die zehn neuen EU-Länder seit 1. Mai 2004 der Fläche nach sortiert:

16. **Pol**en	21. **S**lowakei
17. **Un**garn = **&**	22. **E**stland
18. **T**schechien	23. **S**lowenien
19. **Li**tauen	24. **Zy**pern = **Zip**
20. **L**ettland	25. **Mal**ta

Diese 10 EU-Staaten sind mit folgender, alphabetisch sortierter, Merkbrücke abrufbar:

ELLi Malt PSST & Zip

Sie sehen, wie eine nette **ELLi** (kantiger Ellbogen) **Malt** (neue EU-Staaten, z. B. einen Magnet-Pol für Polen), nicht gestört werden will ... **PSST** und (**&**) den Reißverschluss (**Zip**) ihres Kittels öffnet.

Sekundenschnell merken Sie sich mit diesem Bild die zehn neuen EU-Staaten!

Fünfter Schritt: Memorieren Sie nun die 15 alten EU-Staaten der Fläche nach sortiert in der richtigen Reihenfolge.

Sechster Schritt: Fragen Sie wahlfrei ab: Welches EU-Land ist das flächenmäßig fünftgrößte, drittgrößte, zwölftgrößte etc.? An welcher Stelle stehen Deutschland, Spanien usw.?

Seien Sie ehrlich. Hätten Sie es für möglich gehalten, dass Sie in so kurzer Zeit nicht nur die Bundesländer, sondern auch die EU-Staaten so sicher beherrschen?

Stellen Sie sich vor, Sie sind Kandidat bei »Wer wird Millionär« und in der Auswahlfrage sollen Sie vier Länder der Größe nach sortieren. Das kann Sie nicht mehr schrecken, oder?

Alphabetsysteme

Dieses Ankersystem können Sie für Lernaufgaben aus allen Wissensgebieten verwenden. So wurde bei einer Gedächtnis-Demo von Prof. Stanek in der Fernsehsendung »Hallo Deutschland« (ZDF) die Tieruhr auf der folgenden Seite verwendet, um eine vorgegebene Einkaufsliste mit zusätzlichen Zahlen zu memorieren.

Alphabetsysteme lassen sich gut als zusätzliche Ankersysteme einsetzen. Statt der Zahlen-, Raum- oder Körpernummerierung nutzen Sie hierbei die 26 Buchstaben unseres Alphabets. Der erste Buchstabe im Alphabet ist das A, denken Sie an Ihren Freund Anton, Ihre Freundin Anita, einen Affen, oder nehmen Sie Gegenstände, die mit A beginnen. Sie können auch Automarken wählen, Schauspieler, Sänger, Sportler, Politiker, Städte usw., oder Ihre Hobbys einsetzen. Der zweite Buchstabe ist das B, gefolgt vom C und so fort – bis zum letzten Buchstaben, dem Z.

Wir alle können seit Kindertagen das Alphabet aufsagen, allerdings gelingt es uns meist nicht, wahlfrei auf beliebige Buchstabenstellen zuzugreifen. An welcher Stelle stehen z. B. das O, das K und das I? Dieses kleine Problem ist sofort durch die Einbindung des Alphabets in ein Uhrensystem behoben. In dem folgenden Doppel-Anker-Memosystem (Alphabetsystem und Uhrensystem) haben wir Tiere von A bis Z zum Memorieren verwendet. Nach demselben Prinzip können Sie aus

1 = Affe	7 = Grille	13 = Murmeltier	19 = Schwein	25 = Hyäne
2 = Buntspecht	8 = Hund	14 = Nashorn	20 = Taube	26 = Zebra
3 = Chamäleon	9 = Igel	15 = Ochse	21 = Uhu	27 = Zecke
4 = Dinosaurier	10 = Jaguar	16 = Papagei	22 = Viper	28 = Ziege
5 = Elefant	11 = Känguru	17 = Qualle	23 = Weißstorch	29 = Zitteral
6 = Frosch	12 = Lama	18 = Robbe	24 = Exe (Echse)	30 = Zoo

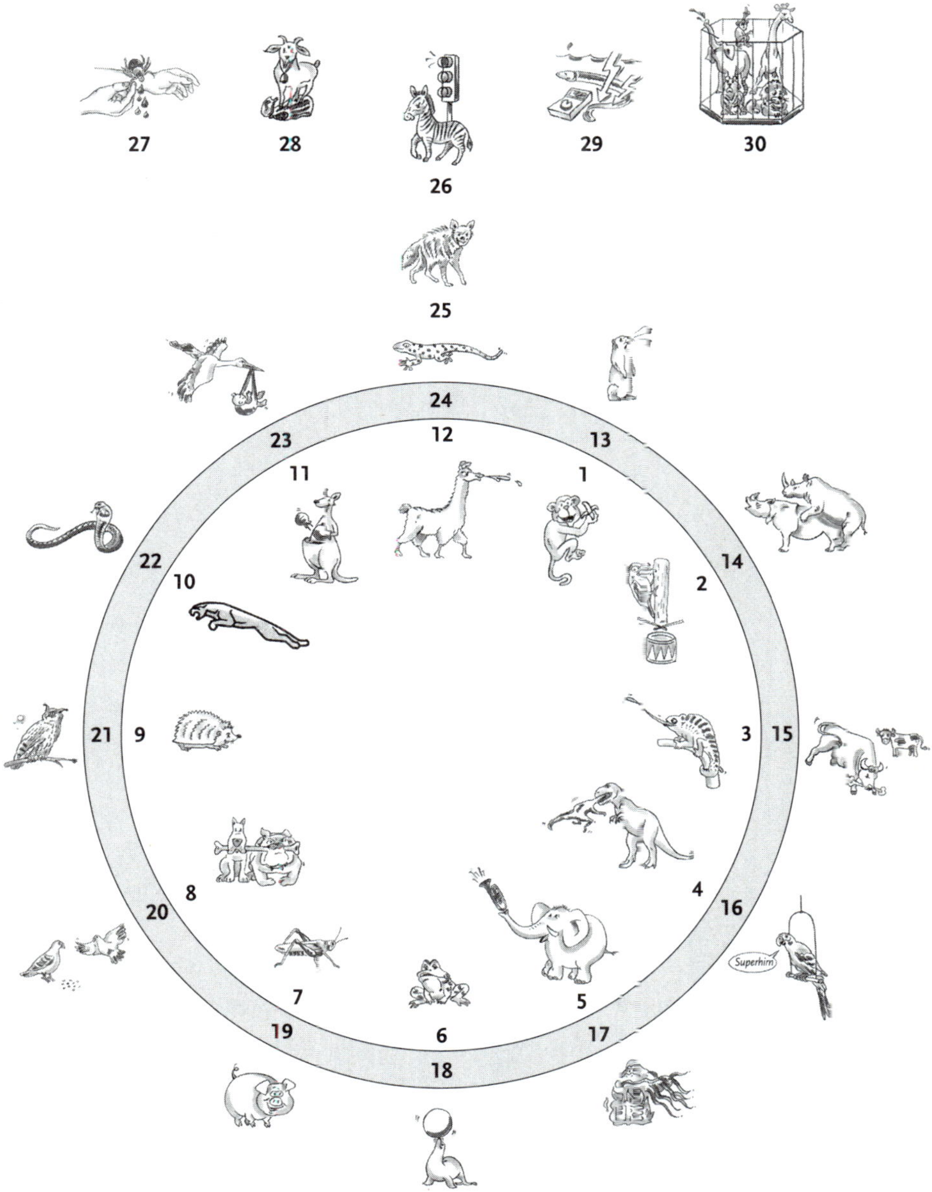
27
28
26
29
30
25
24
23
12
13
11
1
22
10
14
2
21
9
3
15
8
20
4
16
Superhirn
7
19
6
18
5
17

Ich bin glücklich, die Einkaufsliste in nur sechs Minuten memorieren zu können, was vorher für mich unmöglich war.

MECHTILD KRÜGER (51)
Konstrukteurin, Therapeutin, INNOPRO-Seminarteilnehmerin

unterschiedlichsten Lebensbereichen viele solcher Alphabetsysteme aufbauen.

Wichtig ist, dass jedes dieser Tiere unterschiedliche Emotionen bei Ihnen hervorruft. Sie müssen sich jedes Tier plastisch, in Aktion und farbig vorstellen, fühlen und hören. Stellen Sie sich vor, wie der Affe laut kreischt und turnt, der Buntspecht wie ein Maschinengewehr hämmert, das Chamäleon sich farblich ändert und züngelt, der grasgrüne Frosch quakt, das Lama spuckt, das Murmeltier pfeift. Sie riechen das Schwein und hören es grunzen usw.

Wenn einige Tiere nicht die Ihren sind, tauschen Sie diese einfach aus. Wenn Sie z. B. statt der Viper (22) lieber einen Vampir oder statt des Weißstorchs (23) z. B. einen Wal verwenden wollen – kein Problem! Denken Sie dabei an Ihre Sinne. Gefühle – wie Freude, Angst oder auch Ekel – sind besonders gut zum Memorieren geeignet. Legen Sie sich nur eindeutig auf ein bestimmtes Tier fest.

Die Erweiterung der Tieruhr über Z = Zebra = 26. Stelle hinaus auf 30 Stellen soll zusätzlich zeigen, dass man sich automatisch mehr merken kann, wenn man lexikonorientiert weiter sortiert: Zecke kommt nach Zebra, steht jedoch vor Ziege, Zitteraal und Zoo.

ÜBUNG

Memorieren Sie alle EU-Staaten, indem Sie jeweils eines der alphabetisch sortierten Tiere in der Uhrenstruktur so schnell wie möglich mit den einzelnen EU-Ländern kreativ, fantasievoll, merkfähig und »merk«-würdig verknüpfen. Setzen Sie die BRAIN-POWER-Regel ein. Nehmen Sie im ersten Block die 15 alten Länder, ergänzen Sie im zweiten Block die zehn Länder, die am

1. Mai 2004 beigetreten sind, und im dritten Block (mindestens) weitere drei, die eventuell in näherer Zukunft zur EU gehören werden. In den drei Blöcken sind die einzelnen EU-Länder jeweils flächenmäßig der Größe nach sortiert. Verwenden Sie für jeden Ländernamen ein einprägsames Assoziationsbild, dabei sind für die 15 alten EU-Staaten im ersten Block die Bilder schon vorgegeben. Sie erinnern sich: Asterix für Frankreich, Torero für Spanien usw. Bei den restlichen EU-Staaten lassen Sie Ihre Fantasie spielen und finden selbst ein passendes Bild. Nehmen wir beispielsweise die Nummer 16; mit Polen beginnt der zweite Block. Entweder Sie verbinden Polen mit der Polka oder mit der Schwarzen Madonna. Vielleicht fällt es Ihnen auch leichter, wenn Sie an Magnetpole denken oder an Flugpollen. Finden Sie nun das für Sie optimale *Bild* aller einzelnen EU-Staaten.

Alle aktuellen 25 EU-Staaten der Fläche nach sortiert (die Zahlen in Klammern sind gerundete Flächen in Tausend km²):

1. Frankreich (544)
2. Spanien (506)
3. Schweden (450)
4. Deutschland (357)
5. Finnland (338)
6. Polen (323)
7. Italien (301)
8. Großbritannien (244)
9. Griechenland (132)
10. Ungarn (93)
11. Portugal (92)
12. Österreich (84)
13. Tschechien (79)
14. Irland (70)
15. Litauen (65)
16. Lettland (64)
17. Slowakei (49)
18. Estland (45)
19. Dänemark (43)
20. Niederlande (42)
21. Belgien (31)
22. Slowenien (20)
23. Zypern (9)
24. Luxemburg (2,6)
25. Malta (0,3)

***Erster Block:* Alte EU-Staaten**

1. Asterix (Frankreich)
2. Torero (Spanien)
3. Rauchschwaden (Schweden)
4. Loreley (Deutschland)
5. Sauna (Finnland)
6. Spaghetti (Italien)
7. James Bond (Großbritannien)
8. Olympisches Feuer (Griechenland)
9. Portwein (Portugal)
10. Mozartkugeln (Österreich)

11. Irish Coffee (Irland)
12. Dino mit Mark (Dänemark)
13. Tulpen (Niederlande)
14. Atomium (Belgien)
15. Luchs in Burg (Luxemburg)

***Zweiter Block:* EU-Staaten seit 1. Mai 2004**

16. Ihr Bild für Polen ______________
17. Ihr Bild für Ungarn ______________
18. Ihr Bild für Tschechien ______________
19. Ihr Bild für Litauen ______________
20. Ihr Bild für Lettland ______________
21. Ihr Bild für Slowakei ______________
22. Ihr Bild für Estland ______________
23. Ihr Bild für Slowenien ______________
24. Ihr Bild für Zypern ______________
25. Ihr Bild für Malta ______________

***Dritter Block:* EU-Warteschlange**

26. Ihr Bild für Türkei ______________
27. Ihr Bild für Rumänien ______________
28. Ihr Bild für Bulgarien ______________

TRü**B**e Aussichten für EU-Beitritt.

Major-Codes

Unter Major-Codes versteht man allgemein buchstabenorientierte Memoriersysteme. Hierbei werden gewählten Buchstaben bestimmte Zahlen von 0 bis 9 zugeordnet, die restlichen, nicht gewählten bleiben für die Zahlencodierung unberücksichtigt. Der Major-Code hat prinzipiell die gleiche Funktion wie der Zahl-Form-Code. Aufgrund der Buchstaben-/Worte-Zahlen-Codierung kommt er jedoch vor allem den besonders logisch (linkshirnig) strukturierten Lern- und Gedächtnistypen entgegen.

Von vielen möglichen Varianten ist der so genannte ERKO-Code (Ersatzkonsonanten-Code) eine unter Gedächtnisprofis besonders verbreitete Major-Code-Form. In diesem Fall konzentriert man sich nur auf die Konsonanten für die Zahlen-Codierung, Vokale zählen nicht. Als Memorierbrücken für eine merkfähige Buchstaben-Zahlen-Codierung sind nachstehende Überlegungen sicher hilfreich: Mit den Großbuchstaben B und G verbinden Sie wahrscheinlich von der Form her die Zahlen 8 und 6. Bevorzugen Sie eine Schreibweise in Kleinbuchstaben, könnten Sie folgende Assoziationen haben: Der Konsonant t beispielsweise hat einen Abstrich und kann deshalb sofort der Zahl 1 zugeordnet werden, die kleinen Buchstaben b und g erinnern von der Form her an die Zahlen 6 und 9. Oder aber der Konsonant kann wegen des Anfangsbuchstabens an null oder nichts und demnach an die Zahl 0 erinnern usw.

Diese Überlegungen machen deutlich, dass es keinen zwingenden einzigen Major-Code gibt. Es ist am besten, wenn Sie sich entsprechend Ihrem Lern- und Gedächtnistyp für die Buchstaben entscheiden, die Sie persönlich sofort an eine bestimmte Zahl erinnern. Der folgende Vorschlag für einen möglichen Major-Code ist dem Buch *Memory Power* von Wolfram Stanek und Tony Buzan entlehnt. In erster Linie denken Sie in Hauptkonsonanten. Verdoppelungen von Konsonanten zählen als eine Zahl, z. B. **M**a**tt**e = **M**e**tt**e = **M**o**tt**o = 31 usw. Die Zahl 31 könnten Sie sich auch durch **Mut** = **M**o**de** = **M**ie**te** = **m**ü**de** usw. merken.

Zahl	0	1	2	3	4	5	6	7	8	9
Hauptkonsonant	n	t	z	m	r	l	b	j	f	g
Ersatzkonsonant	x	d	s	h[1]			p	tsch	v	q
		th	ß					sch	w	k
			tz					ch	ph	ck
										pf
			c[2]							c[3]

1 h zählt nur am Wortanfang
2 Aussprache wie »tz«
3 Aussprache wie »k«

Wenn Sie gedanklich festlegen, nur die ersten zwei Konsonanten für Ihre zweistellige Zahl zu berücksichtigen, können Sie auch längere Wörter (er)finden, zum Beispiel wären dann auch **Mutt**(er) = **M**ie**d**(er) = **M**o**t**(orrad) = **M**a**d**(onna) = 31 denkbar. Auf der rechten Seite sehen Sie einen Vorschlag für 100 Basis-Schlüsselwörter mit dieser Major-Code-Technik.

Beim Erfinden geeigneter Zahl-Wörter für Ihren Ma-

01 = NoTe	02 = NaSe	03 = NaMe	04 = NaRR	05 = NiL
06 = NaBel	07 = NiSCHe	08 = NeFFe	09 = NoCKe	10 = TaNNe
11 = ToD	12 = TaSSe	13 = DaMM	14 = TüR	15 = TaL
16 = TuBe	17 = TiSCH	18 = TauFe	19 = DoGGe	20 = SoNNe
21 = ZeiT	22 = SOS	23 = ZooM	24 = ZaR	25 = ZieL
26 = SieB	27 = ZeCHe	28 = SeiFe	29 = SäGe	30 = MohN
31 = MaTTe	32 = MieZe	33 = MaMa	34 = MaueR	35 = MühLe
36 = MaPPe	37 = MoSchee	38 = MöWe	39 = MüCKe	40 = RiNNe
41 = RaTTe	42 = RoSe	43 = RoM	44 = RohR	45 = RoLLo
46 = RaBe	47 = RauSch	48 = RiFF	49 = ReCK	50 = LiaNe
51 = LoTTo	52 = LaSSo	53 = LeiM	54 = LoRe	55 = LoLLy
56 = LiPPe	57 = LeiCHe	58 = LaVa	59 = LieGe	60 = PiaNo
61 = BeTT	62 = BuS	63 = BauM	64 = BäR	65 = BaLL
66 = BaBy	67 = BuCH	68 = PuFF	69 = FuCK	70 = SchNee
71 = SchuTT	72 = SchaTz	73 = SchauM	74 = ScheRe	75 = SchuLe
76 = SchiPPe	77 = SchaCH	78 = SchaF	79 = ScheCK	80 = FöN
81 = FoTo	82 = FaSS	83 = FeMe	84 = FähRe	85 = FaLLe
86 = WaBe	87 = FiSch	88 = WaFFe	89 = WaaGe	90 = KiNo
91 = GoTT	92 = KaSSe	93 = GuMMi	94 = KüR	95 = KehLe
96 = KaPPe	97 = KoCH	98 = KaFFee	99 = GeiGe	00 = NoNNe

Unser Gedächtnis für Zahlen hat eine geringere Kapazität als unser Buchstaben- und Wortgedächtnis. Deshalb lohnt der Einsatz eines bildergestützten Zahlen-Code-Systems.

jor-Code wird Ihre kreative Wortfindungsfähigkeit bestens trainiert. Wenn Sie für ein und dieselbe Zahl mehrere Wörter parat haben, ist diese Major-Code-Technik außergewöhnlich flexibel und wirkungsvoll. Diesem Vorteil steht jedoch im Vergleich zum Zahl-Form-System eine kleine Zeitverzögerung gegenüber: Aus einer zweistelligen Zahl müssen Sie ein geeignetes Wort bilden und hieraus das entsprechende Bild aufbauen. Beim Zahl-Form-System haben Sie Zahl und Bild auf einen Blick.

ÜBUNG

Nun können Sie als sehr gute Kreativitäts- und Wortfindungsübung den Major-Code von Seite 118 anhand der aktuellen EU-Staaten mit Flächen-Angaben (siehe Randspalte Seite 115) trainieren.

- Wenn Sie Asterix sehen, wie er sich als »LehReR« aufspielt, wissen Sie sofort, dass Frankreich die Fläche von 544 Tkm^2 hat: Vokale und »h« (als Dehnlaut im Wort) zählen nicht, nur die Konsonanten L = 5 und R = 4.
- Gießen Sie auf das Brandenburger Tor »MiLCH« ist klar, dass Deutschland 357 Tkm^2 groß ist: M = 3, L = 5 und CH = 7.

Erfinden Sie für die restlichen EU-Staaten *Ihr* persönliches Bild mit Hilfe des Major Codes. Verknüpfen Sie dann *Ihr* Bild mit dem Assoziationsbild des jeweiligen EU-Staates. Sie werden dann die Flächen der jeweiligen EU-Staaten schnell gelernt haben und auch langfristig behalten können.

Matrixsysteme

Vielleicht waren Sie schon öfter frustriert angesichts der Memoryfähigkeiten Ihrer Enkel beim gleichnamigen Spiel. Versuchen Sie es doch einmal mit dem von uns vorgeschlagenen Matrixsystem, das auch bei Schachspielen und Terminplänen sehr gut einsetzbar ist. Viele Gedächtnisprofis verwenden für solche tabellarischen Strukturen einen Major-Code wie etwa den des vorigen Kapitels. Wir haben jedoch noch eine wesentlich einfachere und schnellere Methode für Sie entwickelt.

Ein Memory-Spiel ist ein Anti-Aging-Spiel par excellence, wobei nach einem gewissen Training Ihre Erfolgsquote auch junge Leute blass aussehen lassen wird.

Um sich jedes Matrixfeld wahlfrei merken zu können, empfiehlt sich eine (erweiterte) Schachbrettnummerierung. Horizontal von A (= erste Spalte) bis J (= zehnte Spalte) und vertikal von der ersten Zeile bis zur zehnten Zeile. Die folgende Doppelseite zeigt ein solches Matrixsystem mit allen Zahlformen von 01 bis 100 (= 00) als verkleinerte Zahl-Form-Symbole. Diese Seite kann zusätzlich auch als kompakte Wiederhol- und Lernmöglichkeit für »Die magischen 100« dienen. Die Zahl-Form-Symbole sind so angeordnet, dass die erste Ziffer einer zweistelligen Zahl der jeweiligen Stellung des Buchstabens im Alphabet entspricht (z. B. 1 = A, 2 = B etc.). Die Null »0« (in 01, 02 etc.) = 10. Buchstabe = in Spalte J.

Wir kommen nochmals auf den Major-Code aus dem vorigen Kapitel zurück. Sollten Sie mit diesem Code arbeiten wollen, müssen Sie folgendes Schema beachten: Wenn Sie sich beispielsweise ein Matrix-Element-Bild

10
9
8
7
6
5
4
3
2
1
1. Ziffer
2. Buchstabe
A
B
C
D
E
50 JAHRE
25
JAHRE
FREITAG
13
12

F	G	H	I	J

für E4 aufbauen, könnten das vielleicht EieR sein. Vokale zählen nicht, der erste Buchstabe (egal ob Konsonant oder Vokal) gilt niemals als Ziffer, er erinnert Sie nur an die jeweilige Spalte (hier Spalte E), der erste auftauchende Konsonant, in diesem Fall das R, verweist auf die Ziffer (in unserem Major-Code entspricht das R der Ziffer 4). Für das Matrix-Feld B2 könnten Sie vielleicht einen BuS vor sich sehen. Das B erinnert dann an die Spalte B und der erste auftauchende Konsonant an die Ziffer (in unserem Fall ist das S die 2) usw.

Ausnahme: Da unsere Matrixfelder spaltenweise von A1 bis A10, B1 bis B10 usw. laufen, gehen Sie von der ersten bis zur neunten Zeile wie beschrieben vor. Für die zehnte Zeile (also A10, B10, C10 bis J10) wählen Sie für Ihr Major-Code-Bild die Ziffer 0, die Sie also an die zehnte Zeile erinnert. Mit dieser einfachen Ausnahmeregel wäre dann eine BieNe das Matrixfeld B10, ein FöN würde Sie an F10 erinnern usw.

Erscheint Ihnen dies jedoch zu kompliziert, können Sie sich die nicht unerhebliche Zeit für das Entwickeln und Lernen eines neuen Major-Matrix-Codes sparen, wenn Sie sich unseres Zahl-Form-Codes von 1 bis 100 bedienen, in dem der Matrix-Code automatisch beinhaltet ist. Die Idee ist leicht nachvollziehbar: Die erste Ziffer des Zahl-Form-Codes gibt die Stelle im Alphabet bzw. die Matrixspalte an (1 = A, 2 = B bis 9 = I). Die zweite Ziffer des Zahl-Form-Codes entspricht der Zeile (1 bis 9). Einzige Ausnahmen sind die Spalte J = 10 sowie die Zeile Nummer 10. Für Letztere werden alle glatten Zehnerstellen (10, 20 bis 100 = 00) berücksichtigt, die zehnte Spalte wird durch die 0x-Zahlform (01, 02, bis

09, 00) codiert. Von nun an ist es ganz einfach, zumal Ihnen »Die magischen 100« ja schon bestens vertraut sind: Legen Sie im Geiste dieses Matrixsystem unter Ihr Memoryspiel. Liegen nun die beiden identischen Kärtchen (nehmen wir an, es ist ein Porträt von Albert Einstein) auf B2 und E4, dann wird das Genie entweder mit der Bombe (= 54 = E4) oder mit den Schlangen (= 22 = B2) verknüpft.

Cluster-Methode

Diese Methode sollten Sie unbedingt immer als Konzept und Vorstufe für das im folgenden Kapitel beschriebene Mind-Mapping einsetzen. Sie werden sich dadurch mit Sicherheit viel Nacharbeit sparen können. Ebenso geeignet ist diese Technik für Problemlösungen oder Brainstorming.

Das zu behandelnde Thema wird immer in der Mitte platziert, anschließend schreiben Sie in mehreren Schritten alles, was Ihnen dazu einfällt, rundherum und verbinden Zusammengehörendes mit Linien und Pfeilen. Im Anschluss daran fangen Sie an, Unwichtiges oder Falsches zu streichen, übrig bleiben nur die wichtigen und wirklich benötigten Punkte.

ÜBUNG

Was fällt Ihnen alles bei der Farbe Rot ein?

Erster Schritt

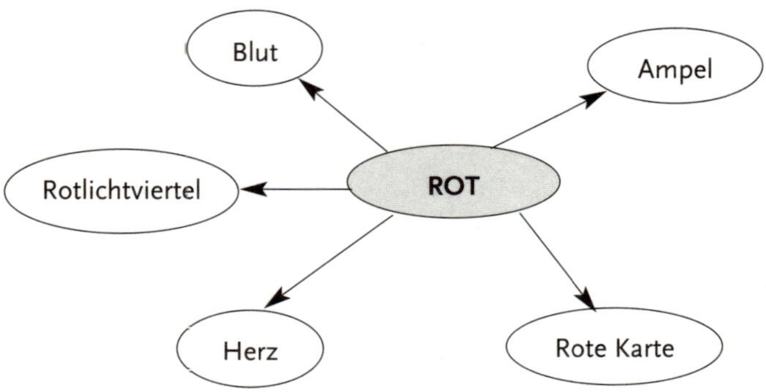

Zweiter Schritt

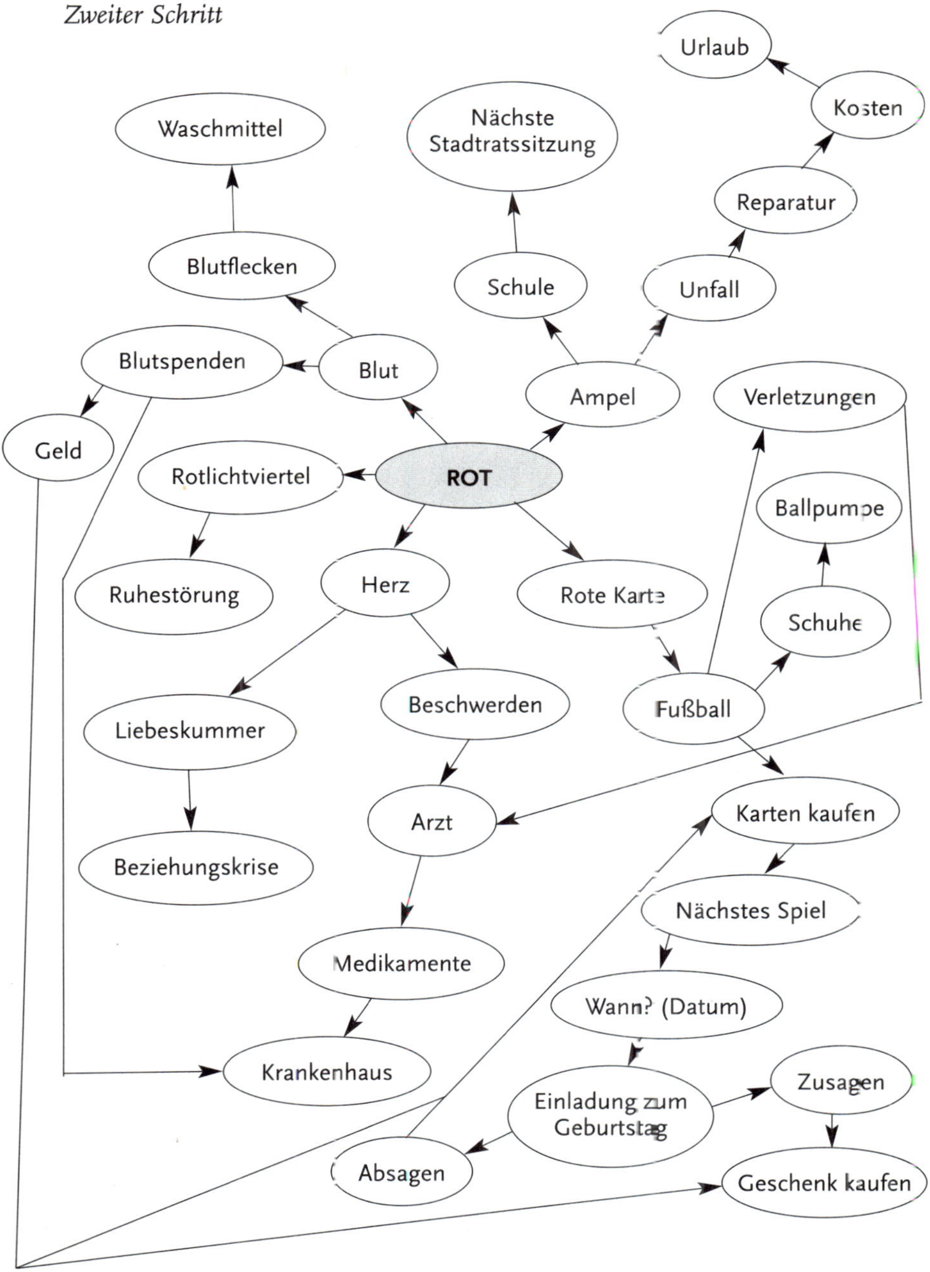

Dritter Schritt: Streichen Sie nun Überflüssiges aus dem Cluster des zweiten Schritts heraus, oder wollen Sie noch etwas ergänzen?

ÜBUNG

Erstellen Sie ein Cluster für den Kauf des neuen Autos, die Renovierung der Wohnung, Ihren nächsten Urlaub. Sicher beteiligt sich Ihre ganze Familie gern und hat Spaß dabei.

Mind-Mapping

Das Mind-Mapping ist eine Methode, mit der Sie Ihre mentalen Prozesse, Ihre Assoziationen und Gedanken wesentlich besser organisieren und behalten können. Viele Menschen tun sich schwer mit Notizen. Es dauert ihnen zu lange, Gedanken und Ideen zu strukturieren und aufzuschreiben. Mind-Maps, Mentalkarten bzw. Denkkarten, sind nicht nur eine Zeit sparende Alternative. Sie gewährleisten außerdem, dass Sie sich langfristig an viel mehr als vorher erinnern können. Statt die einzelnen Punkte zu einem bestimmten Thema hintereinander aufzuschreiben, können Sie durch Bilder, Pfeile und sich verzweigende Linien, die mit Text versehen werden, die verschiedenen Aspekte eines Stoffes ordnen.

Wenn Ihnen das alles noch sehr theoretisch erscheint, dann nehmen Sie sich Zeit für dieses Kapitel. Tasten Sie sich über die Vorstufen langsam heran, werden Sie feststellen, dass Sie dadurch nicht nur Zeit sparen, sondern vor allem erreichen, dass es Spaß macht, Gedanken zu notieren, dass Sie kreativ neue Ideen entwickeln können und – last but not least – dass Sie die Informationsflut besser in den Griff bekommen.

Fallabhängig sind alle »merk«-würdigen kreativen Mentalkarten – die durchaus sehr unterschiedlich aussehen können – speziell strukturierte Mind-Maps©, die wir deshalb Memo-Maps getauft haben.

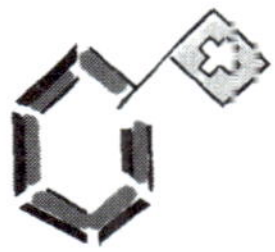

Dieses Memo-Map aus dem Mind-Map des Universalwissens (S. 132) erinnert an die Chemie ... hier exemplarisch ein Benzol-Ring mit Schweizer Flagge. Da die internationale Abkürzung für Schweiz »CH« ist, werden Sie nie mehr vergessen, daß diese chemische Formel nur aus den Elementen »C« (= Kohlenstoff) und »H« (= Wasserstoff) besteht.

Memo-Map Universalwissen

Wenn Sie den Eindruck haben, von einer schier unendlichen Informationsflut erschlagen zu werden, ist es nützlich, für ein effektives Wissensmanagement eine sinnvolle Klassifizierung und Zusammenfassung aller Wissensgebiete durchzuführen. Mit dieser Methodik haben »alle jungen Leute ab 50« einen unschätzbaren Vorteil den Jüngeren gegenüber, da sie über eine wesentlich größere Lebenserfahrung verfügen, die sie meist gar nicht für ihr Gedächtnis nutzen.

ÜBUNG

Nehmen Sie sich bitte nicht gleich die Weltrekord-Zeit von Isabel Stanek mit 48 Sekunden zum Ziel, sondern versuchen Sie, diese Aufgabe in etwa fünf bis zehn Minuten zu bewältigen.

Doppel-Lerntechnik

Das auf Memo-Maps basierende »Mind-Map des Universalwissens« auf Seite 132 können Sie sowohl als neues Ankersystem als auch parallel zum schnellen Lernen mit neuen Themen verknüpft nutzen. Testen Sie diese äußerst verblüffende Methode, indem Sie sich die 24 Begriffe des Gedächtnisweltrekord-Duells in der Guinness-Show (Seite 103) so schnell wie möglich merken. Dann kennen Sie nicht nur diese 24 Begriffe, sondern auch die 24 Bereiche des Universalwissens.

Wir werden Ihnen auf den folgenden Seiten zeigen, wie Sie – neben den bisher schon gezeigten Gedächtnistechniken und Strategien – Ihre Lebenserfahrung und Ihr Fachwissen einsetzen können, um auch im Sinne eines effektiven Anti-Agings zum Gedächtnisprofi zu werden. Als mögliche Klassifizierung aller Wissensgebiete lehnen wir uns im Prinzip an einen Vorschlag der Encyclopedia Britannica an, den Sie, Ihren Interessen entsprechend, noch modifizieren können.

UNIVERSALWISSEN als relativ schlecht merkfähige, linkshirnige Liste

1. Anthropologie und Ethnologie
2. Archäologie und Altertümer
3. Astronomie
4. Biologie
5. Chemie
6. Geographie
7. Geologie und Meteorologie
8. Geschichte
9. Industrie und Berufe
10. Ingenieurtechnik
11. Kunst und Musik
12. Lehren und Lernen
13. Literatur und Medien
14. Mathematik
15. Medizin
16. Militär und Seefahrt
17. Philosophie und Psychologie
18. Physik
19. Recht und Politik
20. Religion und Theologie
21. Sozialwissenschaften und Wirtschaft
22. Schrift und Sprachen
23. Sport und Freizeit
24. Querschnittsdisziplinen wie z. B. Umwelt, Vernetzung, Gedächtnis, (Bio-)Computer

UNIVERSALWISSEN als strukturierte links- und rechtshirnige, uhrenorientierte Mind-Map

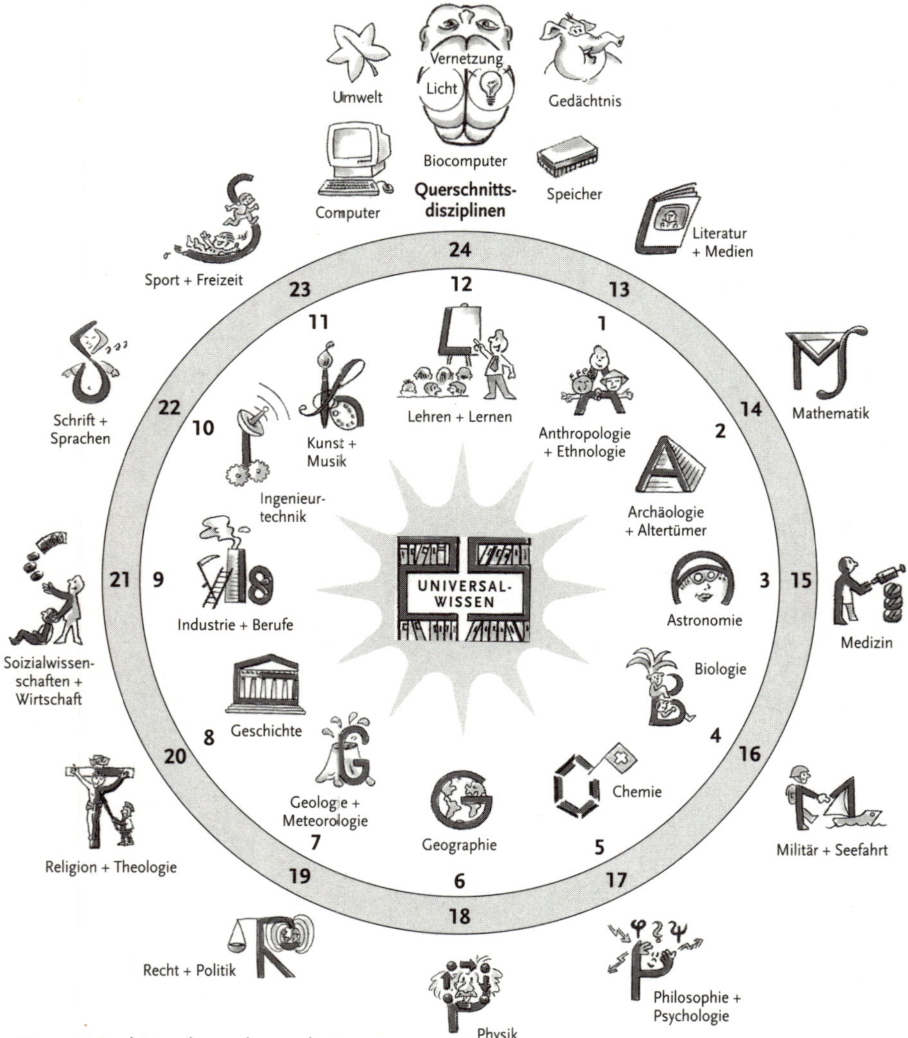

Dieses Mind-Map kann Ihnen als Basis für Ihr kreatives Gedächtnistraining dienen. Als Symbolassoziation sind die Anfangsbuchstaben integriert.

Memo-Maps ausgewählter Wissensgebiete

Im vorhergehenden Unterkapitel wurde das Universalwissen als Handskizzen-Mind-Map dargestellt. Wenn Sie gerne mit dem Computer arbeiten, können Sie solche Grafiken auch rechnergestützt z. B. mit dem Software-Programm »Mindmanager« erzeugen. Dies ist vor allem für eine professionelle Präsentation, Verwaltung und bei Änderung von Wissensinhalten empfehlenswert.

Der Nachteil ist allerdings, dass Sie in ein programmspezifisches Korsett eingebunden sind und Ihrer ureigenen Fantasie mit neuen Bildern und kreativen Gestaltungsformen nicht ungehindert freien Lauf lassen können. Im folgenden Mindmanager-Ausschnitt des Universalwissens aus dem vorigen Kapitel sind einige gescannte Memo-Map-Handskizzen mit eingebunden.

Aus den bisherigen und folgenden Beispielen wird deutlich, dass nicht alles, was für Sie von Interesse ist und Sie sich dauerhaft merken wollen, immer ausschließlich mit Mind-Maps im landläufigen Sinn (= Zentralstern und Zweige) erstellt werden sollte. Die in den vorangegangenen Kapiteln vorgestellten uhr- und alphabetorientierten Ankersysteme, Raum-Körper-Systeme und Zahl-Form-Systeme sind Mentalkarten, mit denen man sich – ohne explizit herausgeführte Zweige – strukturiert ungewöhnlich viel merken kann. Acht Memo-Map-Beispiele aus den unterschiedlichsten Wissensgebieten haben wir ausgewählt, um sie nun genauer vorzustellen.

Man weiß, wie Verbindungen aus einem Fach ins andere aufhorchen lassen, wie scheinbare Gedankensprünge aus einem Gebiet ins andere auffällige Anteilnahme und Klärung bringen, neue Fragen auslösen, wie das souveräne Beherrschen solcher Zusammenhänge den Lehrenden auszeichnet und wie die Schüler begierig nach solchen Zusammenhängen suchen, wenn sie dahin geführt werden.

ALFRED PETZELT

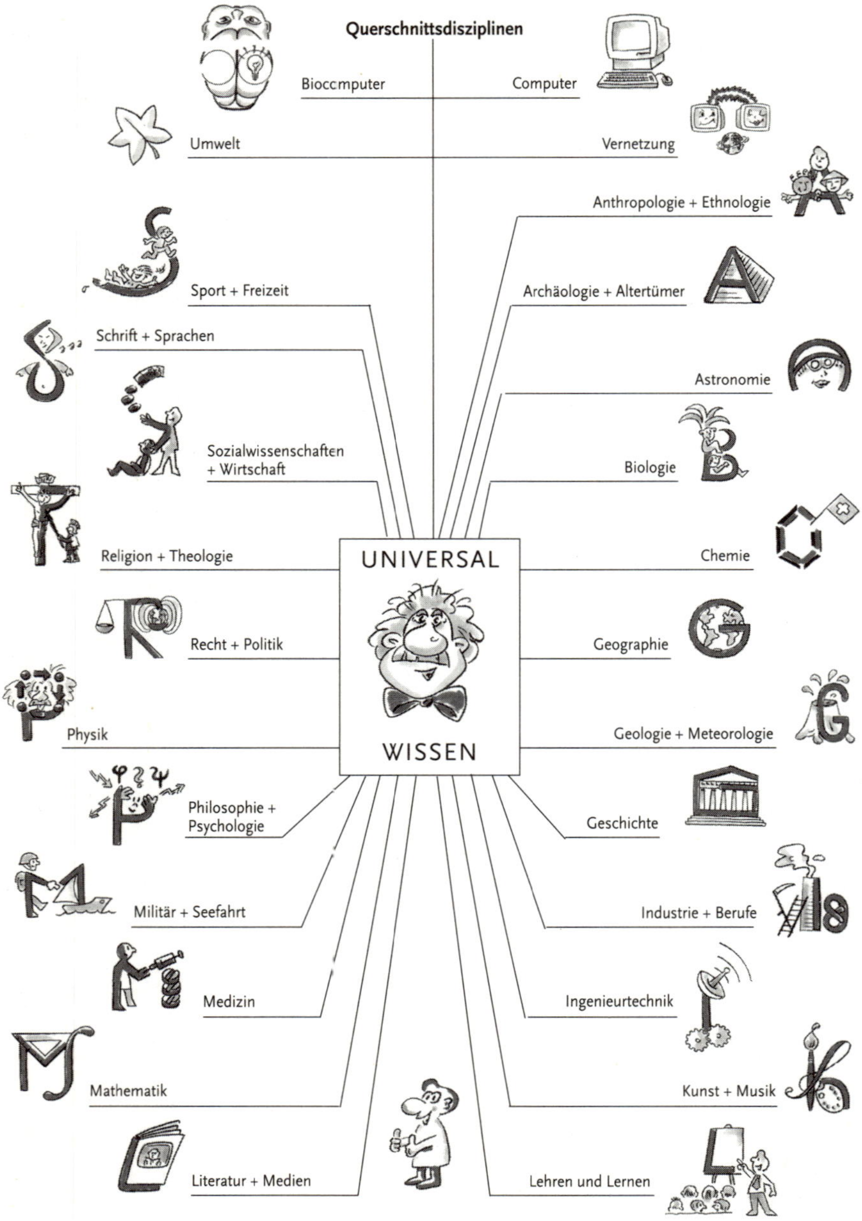
Querschnittsdisziplinen
Biocomputer
Computer
Umwelt
Vernetzung
Anthropologie + Ethnologie
Sport + Freizeit
Archäologie + Altertümer
Schrift + Sprachen
Astronomie
Sozialwissenschaften + Wirtschaft
Biologie
Religion + Theologie
UNIVERSAL
Chemie
Recht + Politik
Geographie
Physik
WISSEN
Geologie + Meteorologie
Philosophie + Psychologie
Geschichte
Militär + Seefahrt
Industrie + Berufe
Medizin
Ingenieurtechnik
Mathematik
Kunst + Musik
Literatur + Medien
Lehren und Lernen

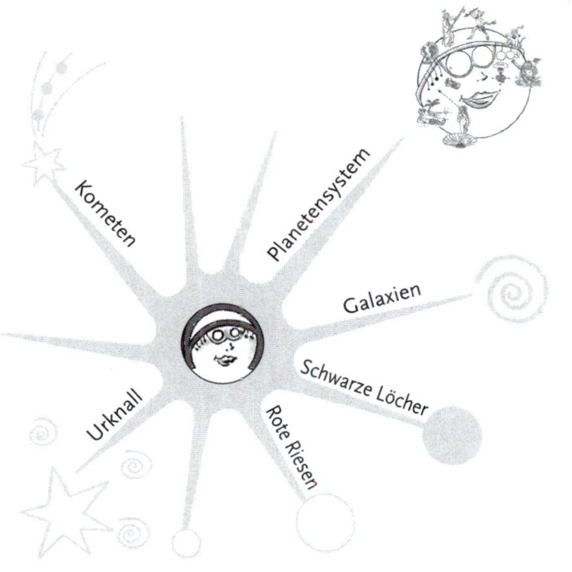

Mind-Map Astronomie

Memo-Map Astronomie

Erinnern Sie sich an das Kapitel Brückentechniken? Da haben Sie ein schönes Sprüchlein über die Planeten gelernt. Das finden Sie in der Memo-Map auf der folgenden Seite wieder. Die den einzelnen Planeten zugeordneten Bilder assoziieren den Namen des Planeten. Bei Planet eins erholt sich jemand am Meer = Meer-Kur. Planet zwei ist die Venus(-muschel) usw. Viel Spaß bei der Aufschlüsselung der Symbole. Haben Sie diese Memo-Map mit der personifizierten Sonne in Ruhe betrachtet, werden Sie die Größenverhältnisse der einzelnen Planeten und ihre Rangfolge im Abstand von der Sonne nicht mehr vergessen.

Ich bin begeistert von dieser Methode. Seit Jahren versuche ich, mir die Reihenfolge der Planeten zu merken ... und jetzt kann ich es in nur einer Minute mit einem Satz.

KARIN BÖHM (53)
Dipl.-Ing., Yoga-Lehrerin, INNOPRO-Seminarteilnehmerin

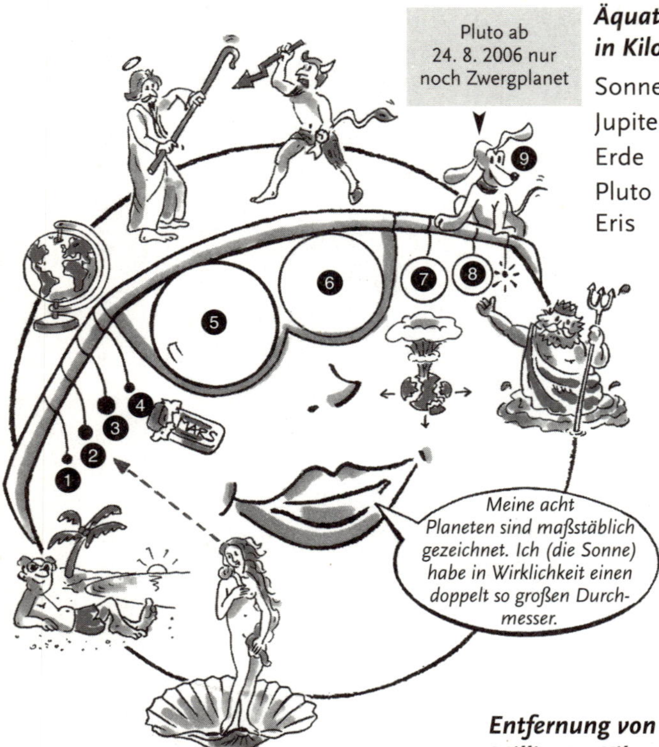

Äquator-Durchmesser in Kilometer:

Sonne	1 392 520
Jupiter	142 796
Erde	12 756
Pluto	2300
Eris	3000

Entfernung von der Sonne in Millionen Kilometer (gerundet):

Merkur	60		
Erde	150	=	1 AE
Pluto	6000	=	40 AE
Eris	1500	=	100 AE

❶	❷	❸	❹	❺	❻	❼	❽
MEin	**VE**tter	**ER**klärt	**M**i**R**	**J**eden	**SA**mstag	**U**nseren	**N**achthimmel
Merkur	Venus	Erde	Mars	Jupiter	Saturn	Uranus	Neptun

Merksatz für unsere acht Planeten ohne die drei Zwergplaneten Pluto, Ceres und Eris (Merksatz mit Zwergplaneten siehe Seite 78).

Mind-Map Computer

Memo-Map Computertechnik

Haben Sie manchmal das Gefühl, nicht mehr up to date zu sein, vor allem wenn es um Computer geht? Auch hier können Sie Ihre Enkel leicht beeindrucken. Nehmen Sie sich folgende Memo-Map vor. Sie ist tabellarisch von typischen Eingabegeräten über Ausgabegeräte, Speichermedien bis Vernetzung aufsteigend sortiert.

Folgende Bilder (1 bis 24) können Sie sich in der Memo-Map der Computeruhr vorstellen. Und schon haben Sie ein neues Memo-Ankersystem, mit dem Sie sich ganz andere Dinge (z. B. Reihenfolge der EU-Staaten etc.) merken können. Gleichzeitig wiederholen Sie durch das Verankern unbewusst wichtige Bereiche aus der Computertechnik.

1  Tastatur	2  Maus	3  Trackball	4 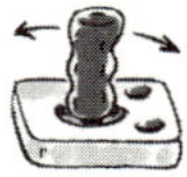 Joystick
5  Lichtgriffel	6 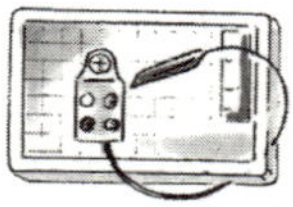 Digitalisierungs-tablett	7  Kamera	8  Scanner
9  Schreibdisplay	10  Mikrofon	11  Touchscreen	12  Virtual Reality Tools
13  Radio/Musik	14  Video	15  Drucker	16 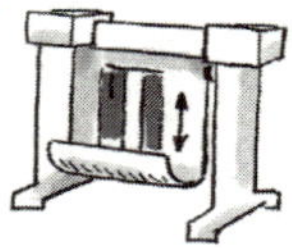 Plotter
17  Beamer	18  Disketten	19 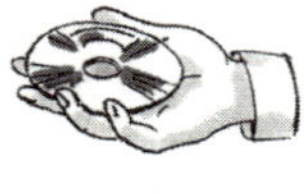 CD-Rom	20  Festplatte + Kopf
21  Magnetband	22  Interne RAM + ROM	23  Fax-Kommunikation	24  Vernetzung (Web)

ÜBUNG

An welche exemplarischen Details aus der Computertechnik werden Sie erinnert, wenn Sie dieses Bild betrachten?

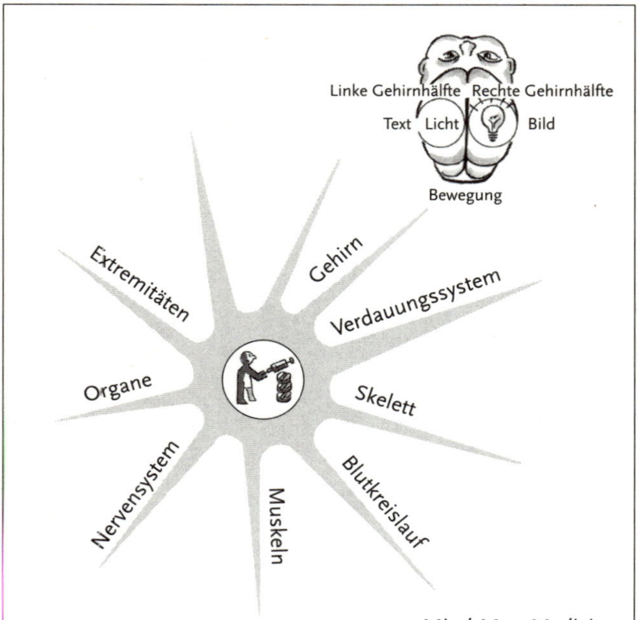

Mind-Map Medizin

Memo-Map Medizin

Die folgende Memo-Map ist zum Trainieren in mehrfacher Hinsicht bestens geeignet. Durch das Lesen der einzelnen Wörter allein bleibt wenig hängen. Beim Betrachten der zugeordneten Bilder weiß man jedoch, wofür die einzelnen lateinischen Namen stehen. Merkfähige Namensschöpfungen können Sie analog auf alle anderen Sprachen oder Namen (und Gesichter) anwenden. Die Hirnnerven haben motorische (M), sensorische (S) oder gemischte (G) Funktionen.

ÜBUNG

Versuchen Sie, sich die Funktionalität, die Reihenfolge und die lateinischen Namen der zwölf Hirnnerven zu merken. Wir schlagen folgende Vorgehensweise vor:

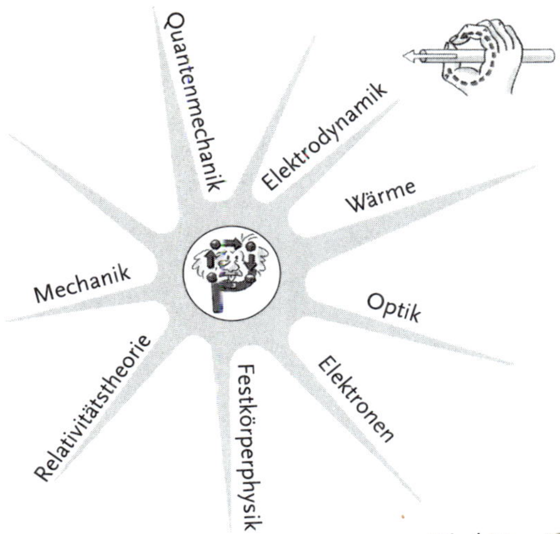

Mind-Map Physik

Memo-Map Physik

Diese Memo-Map ist nicht nur für Ingenieure und Physiker von Interesse. Auch die Leser, die mit dieser Thematik noch nie in Berührung gekommen sind, können anhand dieser Memo-Map ihr Priming-Gedächtnis testen und gleichzeitig spielerisch einiges dazulernen.

Bei fast allen jungen Menschen ist das Gedächtnis für Bilder am besten ausgeprägt, es wird ihnen jedoch im Laufe des Lebens systematisch abtrainiert. Lassen Sie Ihr Bilder-Gedächtnis wieder aufblühen, es geht sehr schnell!

Mithilfe der berühmten maxwellschen Gleichungen lassen sich fast alle physikalischen Problemstellungen elektromagnetischer Felder erklären. Hieraus wiederum können Analogien zu Nachbardisziplinen abgeleitet werden. Diese sind in der skizzierten Memo-Map festgehalten.

Setzen Sie beim Lesen der Memo-Map beide Gehirnhälften ein. Sie erinnern sich: Die linke Gehirnhälfte ist primär für Struktur, Nummerieren, Sortieren, Ord-

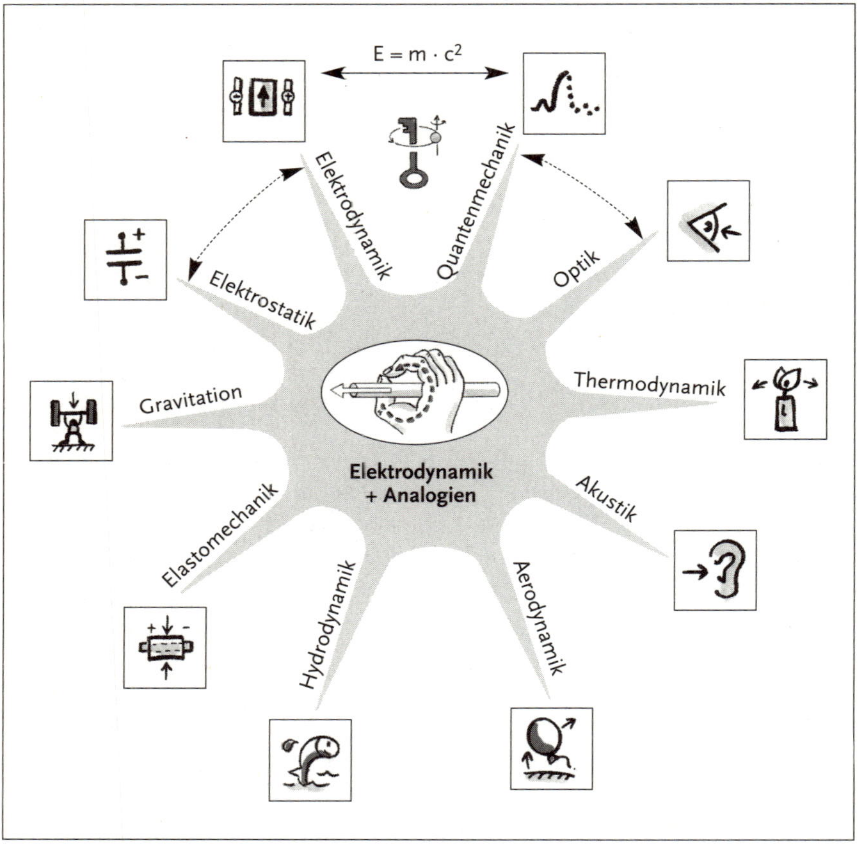

nung, Wörter und Logik zuständig; die rechte in erster Linie für Bilder, Imagination, Fantasie, Assoziationsfähigkeit und plastisches, merkfähiges Verknüpfen.

Assoziieren Sie mit den einzelnen Skizzen die jeweiligen physikalischen Disziplinen: Das Auge beispielsweise erinnert an Optik, die Kerze mit bewegter Flamme an Thermodynamik, das Ohr an Akustik, der Luftballon an Aerodynamik, der aus dem Wasser hüpfende Fisch an Hydrodynamik, der komprimierte Stab an

Elastomechanik bzw. Elektrostriktion und Magnetostriktion, der Hantel-Matador an Mechanik bzw. Gravitation, der Kondensator an Elektrostatik, der Dauermagnet mit Magnetisierungspfeil im Innern einer Spule verweist sowohl auf Erregungsmöglichkeiten der Elektrodynamik wie auf die Äquivalenz zwischen beiden. Außerdem erinnert der Dauermagnet mit Spule – die Skizze mit durchgezogener sowie gepunkteter Kurve – an Quantenmechanik bzw. die Dualität von Welle und Teilchen. Die gestrichelte Linie zwischen Elektrostatik und Elektrodynamik weist darauf hin, dass die Elektrostatik (mit Struktur-Analogie zur Gravitation) in der Elektrodynamik beinhaltet ist und elektrische Ladungen ursächlich mit elektromagnetischen Feldern zusammenhängen. Die gestrichelte Linie zwischen Quantenmechanik und Optik verweist darauf, dass Licht sowohl als elektromagnetische Welle als auch als quantenmechanisches Teilchen interpretierbar ist. Die durchgezogene Linie zwischen Elektrodynamik und Quantenmechanik soll mit der Energieformel Einsteins und dem kreisenden Elektron daran erinnern, dass der Schlüssel zwischen den beiden scheinbar getrennten Disziplinen die komplette relativistische Energie des Elektrons ist.

Im Kapitel 6 »Und wenn es kompliziert wird?« werden zentrale Phänomene von Einsteins Relativitätstheorie mit Memo-Maps so einfach aufbereitet, dass Sie sich diese überraschend leicht merken können.

Das Wissen der Menschheit verdoppelt sich durchschnittlich alle vier Jahre. Die so genannte Halbwertszeit des Wissens liegt in manchen Teilbereichen (z. B. Computertechnik) bei etwa einem halben Jahr. Lassen Sie sich davon nicht abschrecken, sondern beschäftigen Sie sich mit dem, was Sie interessiert. Dann haben Sie die richtige Motivation und werden mithilfe der vorgestellten Techniken rasch äußerst kompetent sein.

Mind-Map Geographie

Memo-Map Geographie

Lexikonorientiert kann man die Geographie (oder Erdkunde) in vier verschiedene Hauptklassen unterteilen: Schwerpunkte sind einerseits Tiere, Pflanzen und Menschen, andererseits physikalische und mathematische Daten wie Landesgröße, Einwohner, Bruttoinlandsprodukt usw. Zusätzlich können Sie immer auch einen Sonderast einzeichnen mit einem Thema, das Sie besonders interessiert. In unserem Fall wären es die deutschen Bundesländer, die wir bereits ausführlich im Kapitel Uhrensysteme kennen gelernt haben.

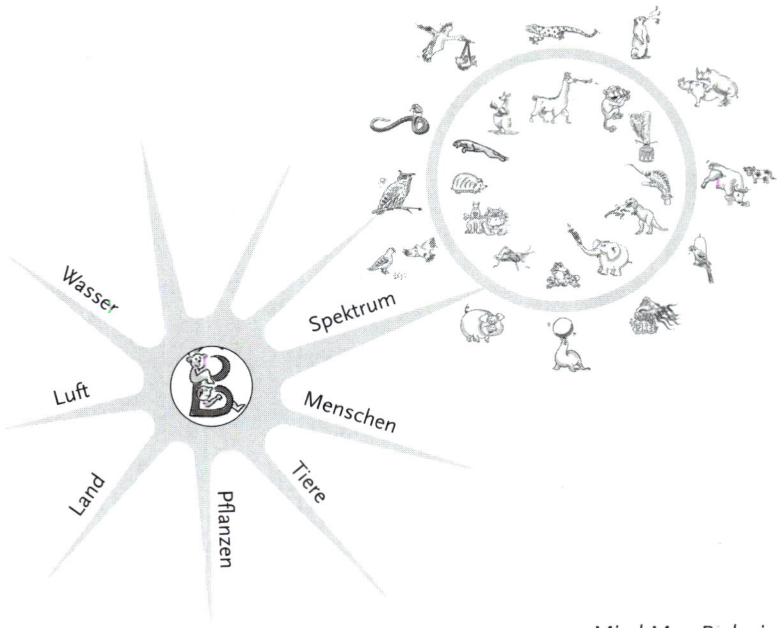

Mind-Map Biologie

Memo-Map Biologie

Diese Memo-Map hat nur als Nebeneffekt die Zielrichtung, sich verschiedene Tiere von A bis Z merken zu können. In erster Linie ist sie dazu gedacht, alle nur möglichen Sinne (Sehen, Hören, Riechen, Schmecken, Fühlen) anhand von Tieren zu trainieren. Auch kann diese Memo-Map als ausgezeichnetes Ankersystem zum Merken verschiedenster Dinge verwendet werden. Wie im vorigen Beispiel wird auf die Universalwissensuhr verwiesen.

Memo-Map Zeitmanagement

Die Memo-Map auf Seite 150 ist letztlich nichts weiter als ein Terminkalender, für das Gedächtnis jedoch etwas anders dargestellt als gewohnt. Er hat den großen Vorteil, dass Sie die wichtigsten Termine für die laufende Woche sehr schnell griffbereit haben. Er arbeitet mit einer auf den ersten Blick eher ungewöhnlichen, allerdings sehr wirksamen Methode, die Zeit nur durch Bilder, Strukturen und Farben zu erfassen. Im Prinzip müssen Sie sich die linke Spalte mit den Zeitangaben gar nicht explizit merken. Die Zeit von 8 bis 24 Uhr ist in vier Viererblöcke (durch Formsymbole) strukturiert. Die Symbole bedeuten:

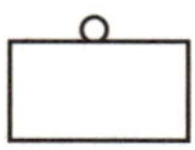

- *Erster Viererblock von 8 bis 12 Uhr:* Die **V**ierecke erinnern an **V**ormittag.

- *Zweiter Viererblock von 12 bis 16 Uhr:* Die Ovale assoziieren **N**ullen, also **N**achmittag.

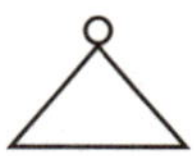

- *Dritter Viererblock von 16 bis 20 Uhr:* Die **D**reiecke erinnern an **D**ämmerung.

- *Vierter Viererblock von 20 bis 24 Uhr:* Die **S**terne assoziieren Nacht, also **S**ternenhimmel.

Die Bilder für die Wochentage können Sie sicher selbst nachvollziehen. Wir assoziieren den Mond mit Montag, einen Diener mit Dienstag bis hin zur Samenzelle für Samstag und die Sonne für Sonntag. An jedem Wochentag hängen verschiedene Symbole in entsprechenden Zeitbändern (oder auch Übergängen). Ein leeres Symbol bezeichnet immer Termine zu vollen Stunden.

Formsymbole beschreiben Termine mit 15, 30 oder 45 Minuten Erweiterung:

- Volle Stunden
- Viertel Stunden
- Halbe Stunden
- Dreiviertel Stunden

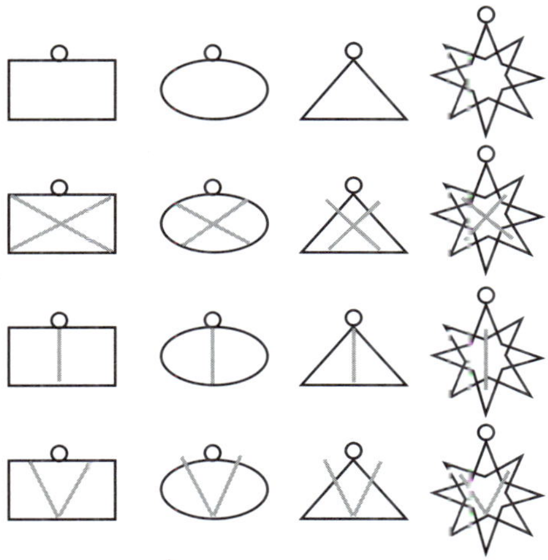

Sind krumme Zeiten (Zugtermine, Fernseh- oder Radiosendungen etc.) nötig, setzen Sie nur ein Bild unseres Zahl-Form-Systems ein.

In unserem Beispiel stehen während der Woche also zu folgenden Zeiten Termine an: An den Vormittagen: Montag: 9:15 Uhr, Dienstag: 11:18 Uhr, Donnerstag: 8:45 Uhr und 11:00 Uhr, Sonntag: 9:30 Uhr usw. Die restlichen Termine erkennen Sie sicher selbst.

Prägen Sie sich als Einstiegsübung diese Memo-Map mit Struktur, Bildern, Symbolen und Formen ein. Versuchen Sie nun, auf einem separaten Blatt dieses Bild zu skizzieren und die entsprechenden Termine abzulesen. Im folgenden Kapitel schlagen wir Ihnen zusätzlich eine kleine Übung vor, in der Sie die Termine mit entsprechenden Ereignissen verknüpfen.

Studien belegen, dass ältere Menschen mehr auf das Wesentliche achten. Persönliche und sinnvolle Dinge bleiben besser im Gedächtnis haften als Informationen, die als unbedeutend eingestuft werden. Machen Sie sich Ihre Erfahrung zunutze.

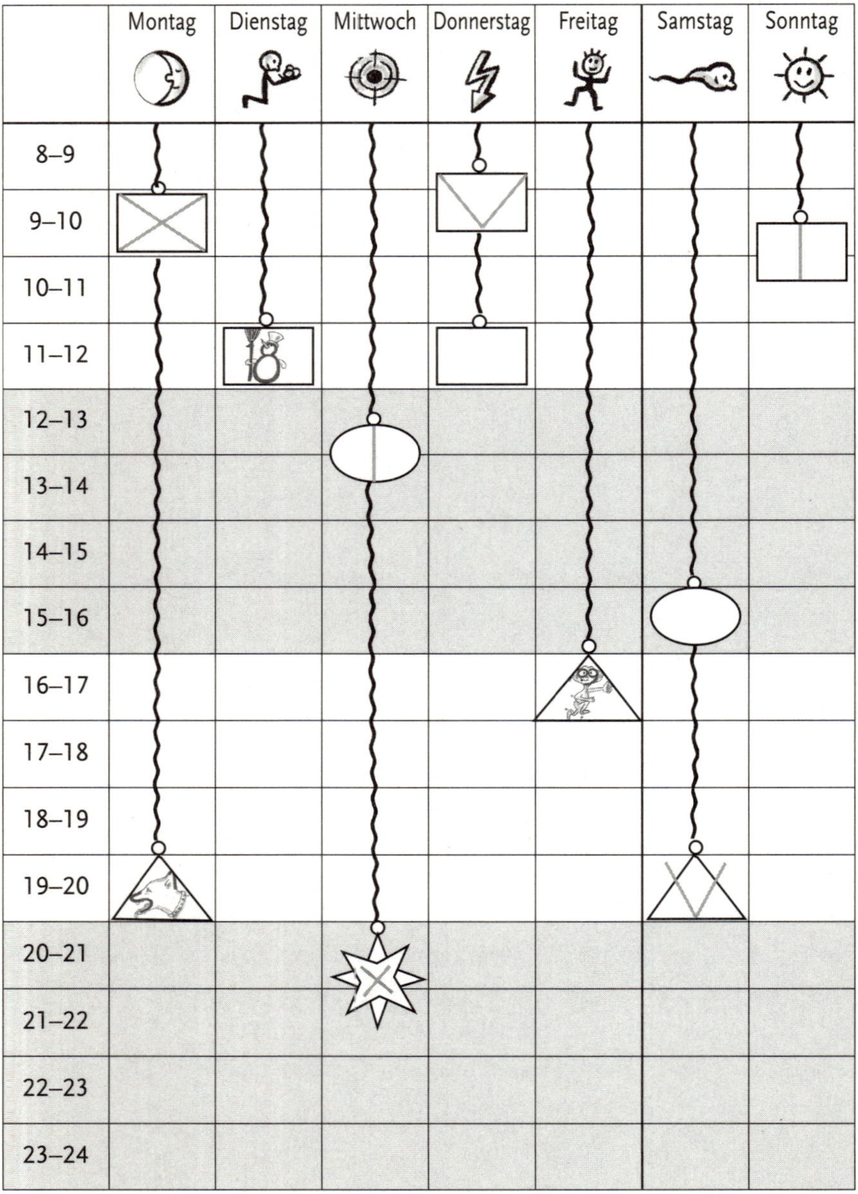
Montag
Dienstag
Mittwoch
Donnerstag
Freitag
Samstag
Sonntag
8–9
9–10
10–11
11–12
12–13
13–14
14–15
15–16
16–17
17–18
18–19
19–20
20–21
21–22
22–23
23–24

Memo-Map Philosophie/Psychologie

Die Memo-Map auf Seite 153 erinnert an die Bedürfnispyramide jedes Menschen. Die Basis der Pyramide – die Grundbedürfnisse wie Essen, Trinken, Schlafen und Zärtlichkeit – sind ein Leben lang ein unverzichtbarer Baustein.

Die zweite Stufe erinnert uns daran, dass wir für ein vernünftiges (Über-)Leben auch ausreichende Finanzen und eine Einbettung in ein Rechtssystem brauchen.

Die dritte Stufe verweist darauf, dass für ein Lebensglück auch die Kommunikation mit anderen Mitmenschen sehr wichtig ist. Eine totale Isolation von anderen ist nicht selten mit erheblichen Depressionen verbunden. Gerade hier sind Jung und Alt aufgefordert, etwas mehr Verständnis füreinander aufzubringen und gut miteinander auszukommen – trotz aller nicht selten äußerst unterschiedlichen Interessen.

Die vierte Stufe erinnert uns im weitesten Sinne an alles, was mit Erfolg verbunden ist. Unter Erfolg versteht aber jeder etwas anderes. Für jüngere Leute ist häufig Erfolg im Beruf besonders wichtig. Für ältere Menschen hat der Erfolg im privaten Bereich oft einen höheren Stellenwert. Für Politiker ist der Erfolg nicht selten mit dem Begriff Macht (auch über andere) verbunden. Die Redensart »Wissen ist Macht« gilt jedoch für alle Altersgruppen. Mit die höchsten Einschaltquoten im Fernsehen haben die Quizshows. Die Zuschauer fiebern fasziniert mit: »Kann der Kandidat die Million gewinnen?«, »Wie weit komme ich beim Mitraten?«, »Wie ist es um meine Allgemeinbildung bestellt?« usw. Wenn Sie unser Anti-Aging-Buch konsequent durchgearbeitet haben, werden Sie diese Sendungen mit noch

Wenn »A« für Erfolg steht, lautet die Formel:
A = x + y + z
»x« steht für Arbeit, »y« ist Muße und »z« heißt Mund halten.

ALBERT EINSTEIN

Jeder Erfolg, den man erzielt, schafft uns einen Feind. Man muss mittelmäßig sein, wenn man beliebt sein will.

OSCAR WILDE

Wenig Philosophie entfernt von der Religion, viel Philosophie führt zu ihr zurück.
FRANCIS BACON

mehr Spaß verfolgen, und vielleicht trauen Sie sich ja nun auch eine Bewerbung zu? Zwar ist mit diesem Anti-Aging-Buch keine Garantie verbunden, Millionär zu werden. Aber Ihre Möglichkeiten, viel mehr Informationen als bisher geglaubt aufnehmen und behalten zu können, werden sich garantiert vervielfachen.

Die letzte Stufe der Pyramide erinnert uns an das Bedürfnis nach Selbstverwirklichung. Auch diese kann alle Facetten des Lebens beinhalten. Manch einer will endlich tun, wozu er während seines Berufs keine Zeit hatte: selbst ein Musikinstrument erlernen, Bücher verschlingen, die Natur genießen, ein Haus bauen, vielleicht sogar aussteigen. Der Fantasie sind keine Grenzen gesetzt. Diese fünfte Stufe kann durchaus mit der vierten Stufe der Pyramide verschmolzen sein. Wollen Sie – als etwas älterer Mensch – vielleicht endlich ausloten, wie gut Ihr Gedächtnis tatsächlich sein kann? Dann haben Sie bei der Verwirklichung dieses Bedürfnisses mit dem vorliegenden Anti-Aging-Buch einen wichtigen Schlüssel in der Hand. Nutzen Sie ihn, um viele bisher verschlossene Türen ganz einfach zu öffnen.

Was alles fällt Ihnen beim Betrachten der einzelnen Bilder zu Ihrem Leben ein? Was ist für Sie notwendig? Worauf können Sie verzichten? Was sollte sich für Sie ändern?

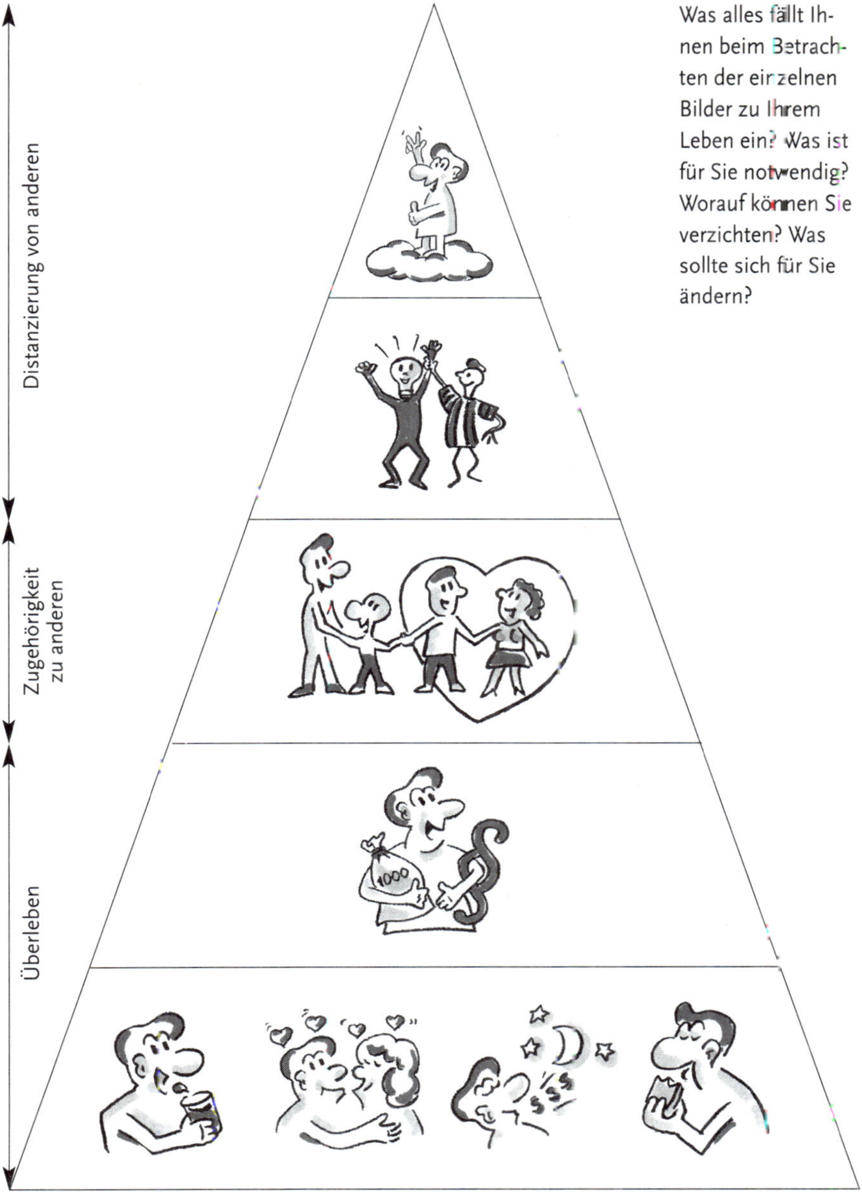

Kapitel 5

Gedächtnis-Checks und Gedächtnisspiele

Im vorigen Teil haben Sie ausführlich Gelegenheit gehabt, die vielfältigen Gedächtnistechniken, Strategien und Memo-Map-Varianten nicht nur kennen zu lernen, sondern auch zu trainieren. Die folgenden Seiten können Sie einerseits als Abschluss-Check nutzen. Wir sind davon überzeugt, dass Sie erstaunt und erfreut darüber sein werden, wie viele Dinge, Zusammenhänge, Bilder und Zahlen Sie sich nun merken können. Ein guter Grund, stolz auf sich zu sein.

Darüber hinaus zeigen wir Ihnen, wie Sie Ihr trainiertes Gedächtnis auf spielerische Art und Weise nutzen können. Beeindrucken Sie ruhig einmal Ihre Enkel beim Memoryspielen. Oder freuen Sie sich darauf, Ihren Bruder beim Skatspielen endlich einmal zu schlagen. Vielleicht macht es Ihnen ja auch Spaß, beim nächsten Familienfest als Superbrain aufzutreten und beliebigen Daten die richtigen Wochentage zuzuordnen? Nehmen Sie die vorgeschlagenen Spiele als Anregung und als Übung.

Trainieren Sie auch einmal anders: Denksportaufgaben, Kreuzwort- und andere Rätsel, Karten- und Brettspiele sind ebenfalls gute Übungen für das Gehirn.

Zum guten Schluss helfen wir Ihnen bei der Erstellung der Memo-Maps zu diesem Buch, in die alle Kapitel einfließen, sodass Sie diese nie mehr vergessen werden.

Die 100 Wörter des 20. Jahrhunderts

ÜBUNG

Die 100 Wörter des Jahrhunderts

In diesem Gemeinschaftsprojekt eines Medienverbunds wurde versucht, das 20. Jahrhundert mittels eines sprachlich-soziologischen Ansatzes zu charakterisieren. Im Jahr 1999 bestimmte eine mit Persönlichkeiten aus allen Bereichen des öffentlichen Lebens besetzte Jury 100 diese Epoche prägende Begriffe.

Sie erinnern sich an die Gedächtnisübung von Seite 88? Da waren jeweils unter einem Zahl-Form-Bild die einzelnen Wörter – von rechts nach links geschrieben – abzulesen. Im Anhang (Seite 215f.) sind diese 100 Wörter des 20. Jahrhunderts explizit aufgelistet.

Erster Schritt: Memorieren Sie zunächst nur die ersten zehn Begriffe. Verknüpfen Sie das erste Wort – Aids – über die BRAIN-POWER-Regel mit dem ersten Zahl-Form-Bild so gut, dass Sie beim Anblick der Kerze sofort an dieses Wort erinnert werden. Machen Sie dieses Spiel bis zum zehnten Wort, lenken Sie sich danach bewusst etwa eine Minute ab (Anregungen dazu gibt es zuhauf im LGS-Check). Wiederholen Sie diese ersten zehn Wörter, und zwar sowohl der Reihenfolge nach, als auch wahlfrei an beliebiger Stelle (z. B. welches Wort war an siebter Stelle?). Kommen Sie gut zurecht?

Zweiter Schritt: Wenn Sie Lust haben, memorieren Sie nun die nächsten zehn oder 20 Wörter. Wir könnten uns vorstellen, dass Sie jetzt nicht mehr aufhören möchten. Denn wenn Sie merken, dass Sie sich zig Wörter (bis zu hundert) auf einen Schlag merken können, wird Ihre Motivation nur schwer zu bremsen sein!

Der immer währende Kalender

Eine für Außenstehende immer recht beeindruckende Leistung ist das schnelle Berechnen beliebiger Wochentage aus dem so genannten immer währenden Kalender. Dabei ist das alles andere als ein Hexenwerk und kann ohne riesigen Lern- und Gedächtnisaufwand leicht bewältigt werden. Und der Showeffekt ist gewaltig.

Nach dem julianischen Kalender, eingeführt von Julius Caesar, zählt ein Jahr 365 Tage, jedes vierte Jahr hat als Schaltjahr 366 Tage. 1582 führte Papst Gregor XIII. ein noch genaueres Verfahren ein, wonach der Schalttag des julianischen Kalenders beim vollen Jahrhundert ausfällt, mit Ausnahme der durch 400 teilbaren Jahrhunderte (wie 1600, 2000 usw.). Damit wurde die durchschnittliche Jahreslänge auf 365,2425 Tage festgesetzt.

Die nachstehende Tabelle ermöglicht zwar eine Kontrolle und Berechnung des gewünschten Wochentags zwischen 1885 bis 2050. Andererseits ist der Gedanke, diese Tabelle rasch auswendig lernen zu wollen, eher abschreckend. Im Folgenden werden wir Ihnen ein paar Codes vorstellen, die das Beherrschen der Tabelle deutlich vereinfachen. Nehmen Sie sich viel Zeit beim Studium der folgenden Ausführungen, und Sie werden überrascht sein, wie locker Sie diese Tabelle schon bald beherrschen werden.

Jahre								Monate											
1885–1980				**1981–2050**				**J**	**F**	**M**	**A**	**M**	**J**	**J**	**A**	**S**	**O**	**N**	**D**
85		25	53	81		09	37	4	0	0	3	5	1	3	6	2	4	0	2
86		26	54	82		10	38	5	1	1	4	6	2	4	0	3	5	1	3
87		27	55	83		11	39	6	2	2	5	0	3	5	1	4	6	2	4
88		28	56	84		12	40	0	3	4	0	2	5	0	3	6	1	4	6
89	01	29	57	85		13	41	2	5	5	1	3	6	1	4	0	2	5	0
90	02	30	58	86		14	42	3	6	6	2	4	0	2	5	1	3	6	1
91	03	31	59	87		15	43	4	0	0	3	5	1	3	6	2	4	0	2
92	04	32	60	88		16	44	5	1	2	5	0	3	5	1	4	6	2	4
93	05	33	61	89		17	45	0	3	3	6	1	4	6	2	5	0	3	5
94	06	34	62	90		18	46	1	4	4	0	2	5	0	3	6	1	4	6
95	07	35	63	91		19	47	2	5	5	1	3	6	1	4	0	2	5	0
96	08	36	64	92		20	48	3	6	0	3	5	1	3	6	2	4	0	2
97	09	37	65	93		21	49	5	1	1	4	6	2	4	0	3	5	1	3
98	10	38	66	94		22	50	6	2	2	5	0	3	5	1	4	6	2	4
99	11	39	67	95		23		0	3	3	6	1	4	6	2	5	0	3	5
	12	40	68	96		24		1	4	5	1	3	6	1	4	0	2	5	0
	13	41	69	97		25		3	6	6	2	4	0	2	5	1	3	6	1
	14	42	70	98		26		4	0	0	3	5	1	3	6	2	4	0	2
	15	43	71	99		27		5	1	1	4	6	2	4	0	3	5	1	3
	16	44	72	00		28		6	2	3	6	1	4	6	2	5	0	3	5
00	**17**	**45**	**73**		**01**	**29**		**1**	**4**	**4**	**0**	**2**	**5**	**0**	**3**	**6**	**1**	**4**	**6**
	18	46	74		02	30		2	5	5	1	3	6	1	4	0	2	5	0
	19	47	75		03	31		3	6	6	2	4	0	2	5	1	3	6	1
	20	48	76		04	32		4	0	1	4	6	2	4	0	3	5	1	3
	21	49	77		05	33		6	2	2	5	0	3	5	1	4	6	2	4
	22	50	78		06	34		0	3	3	6	1	4	6	2	5	0	3	5
	23	51	79		07	35		1	4	4	0	2	5	0	3	6	1	4	6
	24	52	80		08	36		2	5	6	2	4	0	2	5	1	3	6	1

Wochentage							
Mo		2	9	16	23	30	37
Di		3	10	17	24	31	
Mi		4	11	18	25	32	
Do		5	12	19	26	33	
Fr		6	13	20	27	34	
Sa		7	14	21	28	35	
So	1	8	15	22	29	36	

BEISPIEL

Konrad Zuse stellte am 12. Mai 1941 den ersten Digitalcomputer vor. Welcher Wochentag?

Lösung: Suchen Sie 1941 in der Spalte Jahre. In der entsprechenden Zeile lesen Sie im Bereich Monate für Mai die Kennzahl = 4. Addieren Sie diese Zahl zum gesuchten Wochentag (= 12), dann folgt die Schlüsselzahl (4 + 12 = 16), für die man in der Tafel Wochentage den Montag als den gesuchten Wochentag findet.

Für alle Memory-Profis – Sie sind doch bestimmt einer geworden – kann die Aufgabe wesentlich vereinfacht werden, wenn wir uns einen ganz bestimmten Monatsschlüssel, z. B. die fett hervorgehobene Zeile, herausgreifen und die jeweiligen Jahrescodes im Jahrhundert auswendig lernen. Diese 12 Ziffern werden wir nun für jedes Jahr ab 1753 brauchen. So kann die Frage nach dem Wochentag des 12. Mai 1941 mit folgender Kopfrechnung schnell gelöst werden:

Erster Schritt: Sie hören den Wochentag 12, teilen im Kopf durch 7 und merken sich den Rest, d. h. 5.

Zweiter Schritt: Sie hören jetzt Mai. Wenn Sie im Kopf den entsprechenden Monatsschlüssel aus der fett hervorgehobenen Zeile griffbereit haben, d. h. 2, addieren Sie 5 + 2 = 7. Sie teilen wieder durch 7 und merken sich den Rest 0. Den Monatsschlüssel aus dieser Zeile haben Sie sicher auch ohne spezielle Techniken schnell gelernt.

Welche memorierfähigen Muster können Sie in diesem zentralen Monatsschlüssel

144 025 036 146

erkennen ?

Dritter Schritt: Jetzt hören Sie die Jahreszahl (hier 1941). Wenn Sie sofort wüssten (und das ist momentan das Problem), dass der Jahrescode für 1941 = 2 ist, würden Sie im Kopf diese Zahl zur zwischengespeicherten 0 aus dem zweiten Schritt hinzuzählen und hätten die Gesamtsumme = 2. Die Wochentage laufen bei dieser Technik immer von Sonntag (= 1), Montag (= 2) bis Samstag (= 7 bzw. = 0). Die Endzahl 2 besagt also, dass der 12. Mai 1941 ein Montag war (bingo!).

Kopfrechentipp: Nutzen Sie beim Ermitteln des Jahresschlüssels die identischen Jahresschlüssel der hervorgehobenen Spalten +0 und +6 als zusätzliche Memo-Stütze.

Die Autoren haben in der folgenden Tabelle (die für 1900 bis 2019 gilt) die Jahresschlüssel von 0 bis 6 so aufbereitet, dass man sie auch »im Kopf« ablesen kann.

Besonders einfach ist es bei Jahreszahlen, die durch 12 teilbar sind: So ergibt sich beispielsweise für das Jahr 1948 (in der Spalte +0) die Kopfrechnung 48 : 12 = 4, d. h. der Jahrescode (= Jahresschlüssel) ist 4. Zeilenweise wird immer von einem Jahr zum nächsten um 1 erhöht (max. bis 6), bei Schaltjahren um 2. Einzige Ausnahme für die Berechnung der Wochentage sind bei

1900–2019												
1900	+0	+1	+2	+3	+4	+5	+6	+7	+8	+9	+10	+11
Jahresschlüssel												
1900	**0**	1	2	3	5	6	0	1	3	4	5	6
1912	1	2	3	4	6	0	1	2	4	5	6	0
1924	2	3	4	5	0	1	2	3	5	6	0	1
1936	3	4	5	6	1	2	3	4	6	0	1	2
1948	4	5	6	0	2	3	4	5	0	1	2	3
1960	5	6	0	1	3	4	5	6	1	2	3	4
1972	6	0	1	2	4	5	6	0	2	3	4	5
1984	0	1	2	3	5	6	0	1	3	4	5	6
1996	1	2	3	4	**6**	0	1	2	4	5	6	0
2008	2	3	4	5	0	1	2	3	5	6	0	1
Monatsschlüssel												
	Ja	Fe	Mä	Ap	Ma	Ju	Ju	Au	Se	Ok	No	De
	1	4	4	0	2	5	0	3	6	1	4	6

Schaltjahren die Monate Januar und Februar. Bei Daten in diesen beiden Schaltjahrmonaten wird von der Endzahl nochmals 1 abgezogen.

Wenn Sie Wochentage aus anderen Jahrhunderten bestimmen wollen, brauchen Sie neben dem Monats- und Jahrescode nur noch den Jahrhundertcode zur vorher ermittelten Endzahl zu addieren:

Jahrhundertcode von 1753 bis 1799 = 4

Jahrhundertcode von 1800 bis 1899 = 2

Jahrhundertcode von 1900 bis 1999 = 0

Jahrhundertcode von 2000 bis 2099 = 6

Kopfrechentipp: Vereinfachen Sie bei der Berechnung des Wochentags aus Schnelligkeitsgründen möglichst immer auch schon bei Zwischenschritten auf Zahlenwerte kleiner 7 durch Rest-Bildung.

BEISPIELE

Beispiel: Jahresschlüssel für 2009 aus 1909 (= 4),
d. h. 4 + 6 (Jahrhundertcode 2000–2099) = 10,
10 : 7 = Rest 3
oder direkt aus vorhergehender Tabelle (1900–2019):
Jahresschlüssel = 3

Gehen Sie bei den folgenden Kopfrechnungen genauso vor, wie für den 12. Mai 1941 vorher ausführlich beschrieben.

Weihnachten, Fest der Liebe

24. 12. 2004

24 : 7 = Rest 3, 3 + 6 (Monatsschlüssel) = 9,
9 : 7 = Rest 2, 2 + 5 (Jahresschlüssel 1904) = 7,
7 : 7 = Rest 0, 0 + 6 (Jahrhundertcode ab 2000) = 6
= **Freitag**
Kontrolle aus Jahrhunderttabelle (1985 – 2050):
Monatsschlüssel für Dezember 2004 = 3 + 24 (Wochentag) = 27 (Wochentagtabelle) = Freitag

Erste Nukleare Kettenreaktion durch Fermi

02. 12. 1942

2 + 6 + 3 = 11, 11 : 7 = Rest 4 = **Mittwoch**
Kontrolle: 2 + 2 = 4 (Wochentagtabelle) = Mittwoch

Erstmalige Verleihung der Nobelpreise

10. 12. 1901

10 : 7 = Rest 3, 3 + 6 + 1 = 10, 10 : 7 = Rest 3 = **Dienstag**
Kontrolle: 0 + 10 = 10 (Wochentagtabelle) = Dienstag

Einführung Bürgerliches Gesetzbuch (BGB)

01. 01. 1900

1 + 1 + 0 = 2 (kein Schaltjahr, nicht durch 400 teilbar)
= **Montag**
Kontrolle: 1 + 1 = 2 (Wochentagtabelle) = Montag

01. 01. 2000

Millenniumfeier, 21. Jahrhundert, Montag 01. 01. 2001

1 + 1 + 0 (Jahresschlüssel 1900) + 6 = 8, 8 : 7 = Rest 1
Rest 1 – 1 (= Schaltjahr, da durch 400 teilbar) = 0
= Samstag
Kontrolle: 6 + 1 = 7 (Wochentagtabelle) = Samstag

18. 02. 2046

500-jähriger Todestag Martin Luther

4 + 4 + 1 (für 1946) + 6 = 15, 15 : 7 = Rest 1 **= Sonntag**
Kontrolle: 4 + 18 = 22 (Wochentagtabelle) = Sonntag

17. 12. 1770

Geburtstag Ludwig van Beethoven

3 + 6 + 3 (für 1970) + 4 =16, 16 : 7 = Rest 2 **= Montag**

13. 06. 1831

Geburtstag James Clerk Maxwell

6 + 5 + 3 (für 1931) + 2 (Jahrhundertcode) = 16,
16 : 7 = Rest 2 **= Montag**

14. 03. 1879

Geburtstag Albert Einstein

0 + 4 + 0 (für 1979) + 2 (Jahrhundertcode) = 6 **= Freitag**

02. 05. 2019

500-jähriger Todestag Leonardo da Vinci

2 + 2 + 2 (für 1919) + 6 (Jahrhundertcode) = 12,
12 : 7 = Rest 5 **= Donnerstag.** Oder direkt aus Tabelle Seite 161: 2 + 2 + 1 (für 2019) = 5 = Donnerstag

Wenn Sie das ein bisschen trainiert haben, sollten Sie sich einmal auf einem Familienfest oder einer anderen Veranstaltung mit den Geburtstagen der Anwesenden testen lassen. Den Zuschauern wird es wie Zauberei erscheinen.

Zahlen merken

Wenn Sie sich längere Zahlenreihen oder verschiedene Geburtsdaten, Telefonnummern usw. merken wollen, wählen Sie vorher eines der vielen Ankersysteme, die Sie in diesem Buch schon kennen gelernt haben. Es empfiehlt sich, persönliche Daten auch mit der entsprechenden Person zu verknüpfen.

ÜBUNG

Merken Sie sich nun die 40-stellige Zahl, die Helga Zehetmaier im ARD-Wunschkonzert memoriert hat. Mit den vorgestellten Techniken und Ankersystemen schaffen das auch Sie! Nehmen Sie zum Beispiel Ihren Körper (oder einen beliebigen anderen) mit den zehn bekannten Stellen oder ein anderes Ankersystem und hängen Sie an jede Stelle jeweils zwei Zahl-Form-Bilder (so schnell wie möglich).

49	25	79	13	22	56	41	27	05	24
80	93	36	72	37	89	54	90	21	63

Wie sicher können Sie diese 40-stellige Zahl wiedergeben?

Nachstehend ist die berühmte Zahl Pi mit einigen 100 Stellen hinter dem Komma angegeben.

π = 3,14159265358979323846264338327950288
419716939937510582097494459230781640628620
899862803482534211706798214808651328230664
709384460955058223172535940812848111745028
410270193852110555964462294895439038196442
881097566593344612847564823378678316527120
190914564856692346034861045432664821339360
726024914127372458700660631558817488152092
096282925409171536436789259036001133053054
882046652138414695194151160943305727036575
959195309218611738193261179310511854807446
237996274956735188575272489122793818301194
912983367336244065664308602139494639522473
719070217986094370277053921717629317675238
467481846766940513200056812714526356082778
577134275778960917363717872146844090122495
343014654958537105079227968925892354201995
611212902196086403441815981362977477130996
051870721134999999837297804995105973173281
60963185950244594553 ...

Die möglichst genaue Berechnung der Zahl Pi beschäftigt seit Jahrtausenden viele Mathematiker und Physiker. Wenn wir die Fläche eines Kreises mit dem Radius bestimmen wollen, kommen wir wegen der Formel r^2f an der Zahl Pi nicht vorbei. Der Umfang eines Zylinders ist 2r π. Eine zentrale magnetische Naturkonstante hat den Zahlenwert $4\pi \cdot 10^{-7}$ Vs/Am, auch für die Berechnung der Lichtgeschwindigkeit ist Pi eine notwendige Größe. Selbst die alten Ägypter hatten die Cheops-Pyramide so gebaut, dass das Verhältnis von ihrem Umfang an der Basis zu ihrer Höhe den Wert 2π ergab.

Die Zahl Pi hat unendlich viele Stellen hinter dem Komma ohne Periodizität. Deshalb ist sie (beziehungsweise Ausschnitte davon) bestens für ein regelmäßiges Gehirnjogging geeignet, um nicht ständig sich wiederholende Zahlen memorieren zu müssen.

Wenn Sie sich unseren Zahl-Form-Code (Die magischen 100) dauerhaft einprägen wollen, haben Sie mit der Zahl Pi sehr gute Trainingsmöglichkeiten. Wählen Sie jedoch vorher immer bestimmte (durchaus verschiedene) Ankersysteme, innerhalb derer Sie die Zahl-Form-Bilder an die jeweiligen Stellen verknüpfen. Haben Sie beispielsweise Ihren Körper als Ankersystem gewählt, so fangen Sie mit den ersten 20 Stellen hinter dem Komma von Pi an: 14, 15, 92, 65, 35, 89, 79, 32, 38. Mit Ihrem Fuß (1. Stelle des Körpersystems) kicken Sie einen Bürostuhl (= 14) um, auf Ihrem Knie (2. Stelle) sehen Sie einen kleinen Kran (= 15), mit Ihrem Po setzen Sie sich auf eine Kaffeemühle (= 92) usw. bis zur zehnten Ankerstelle, Ihrem Kopf, aus dem ein Baum mit Vogelnest (= 38) herausschaut. Zu Anfang können Sie noch einmal einen Blick auf die Zahl-Form-Bilder (Seite 88ff.) oder kompakt auf den Seiten 122/123 werfen. Im Laufe der nächsten Wochen werden Sie mit Sicherheit immer weniger spicken müssen. Wiederholen Sie jetzt die 20 Ziffern, und Sie werden selbst überrascht sein, wie viel hängen geblieben ist.

Schlagen Sie in den nächsten Tagen, wenn Sie ein bisschen Zeit haben und in der richtigen Stimmung sind, diese Seite wieder auf. Wiederholen Sie dann die ersten 20 Ziffern von der Zahl Pi und wagen Sie sich an die nächsten 20 Ziffern: 46, 26 ... bis 19. Sie können als Ankersystem Körper aus Ihrem Freundes- oder Bekanntenkreis nehmen oder Sie wählen ein Raumsystem, z. B. Ihre Wohnung. Natürlich kann Ihnen auch wieder Ihr Körper als Ankersystem dienen, dann müssen Sie Querverbindungen schaffen: An Ihrem Fuß sehen Sie ja bereits den Bürostuhl (= 14), über diesen schütten Sie Ihren Sekt aus dem Sektglas (= 46) aus. Auf Ihrem Knie sehen Sie den Kran (= 15), an dessen Haken ein Wanderer mit dem Rucksack (= 26) turnt usw. Mit dieser Technik trainieren Sie gleichzeitig, sich lange Bildergeschichten durch Querverknüpfungen zu merken.

ÜBUNG

Memo-Würfel-Spiel

Mit 2 Würfeln trainieren Sie allein oder mit Mitspielern Ihre Zahl-Form-Symbole von 11 bis 66 im wahrsten Sinne des Wortes spielerisch. Sie werfen den 1. und dann den 2. Würfel. Die jeweiligen Punkte werden notiert. Dieses Spiel wiederholen Sie z. B. neun Mal. Dann memorieren Sie alle Punkte der 10 Würfe. Das Erstaunen Ihrer Mitspieler ist gewiss.

Methode: Sie wählen ein beliebiges Ankersystem (z. B. Körper: 1. Stelle = Fuß etc.) und verknüpfen in jeden Ort die Punkte als Zahl-Form-Bild. Wenn im 1. Wurf – wie im Bild rechts – zuerst die 4 und dann die 2 fällt, kicken Sie mit dem Fuß den Kleiderhaken von der Garderobe (42) etc. Mit so einfachen Bildern erinnern Sie sich sofort an die Punkte. Testen Sie sich nun selbst!

Übung und Spaß: Das 10101-Spiel

Auch scheinbar langweilige Nullen und Einsen lassen sich in lustige Geschichten verpacken und sind somit gut zu memorieren. Machen Sie sich einen Spaß daraus und bereiten Sie eine kleine Show für das nächste Familienfest oder Treffen mit Freunden vor.

Lassen Sie uns zunächst das Rätsel der Nullen und Einsen lösen. Der folgende Auflistung liegt der aus der Informatik bekannte Binärcode zugrunde. Prinzip ist, dass alle Daten (hier Zahlen) nur mit zwei Zeichen, den Binärziffern 0 und 1, darstellbar sind.

Binärzahlen →		← Dezimalzahlen
000	=	0
001	=	1
010	=	2
011	=	3
100	=	4
101	=	5
110	=	6
111	=	7

Der nächste Schritt ist das Codieren in Ihnen vertraute Zahlen von (0 bis 7). Aus 100100 wird so die Zahl 44. Sehen Sie nun im Zahl-Form-Code nach (Seite 88ff.) oder sind Ihnen die magischen 100 schon in Fleisch und Blut übergegangen? Umso besser. Die 44 merken wir uns über die Soldaten.

Aus	1 0 0	1 0 0	wird die Zahl 44	=	Soldaten
Aus	0 1 0	1 0 0	wird die Zahl 24	=	Schiff
Aus	0 0 0	0 1 1	wird die Zahl 03	=	Dreirad
Aus	1 0 1	1 0 0	wird die Zahl 54	=	Bombe
Aus	0 1 0	0 1 1	wird die Zahl 23	=	Gepäckwagen
Aus	1 1 0	0 1 0	wird die Zahl 62	=	Herz
Aus	1 1 1	1 0 1	wird die Zahl 75	=	Kreuz
Aus	1 1 0	0 0 1	wird die Zahl 61	=	Clown
Aus	0 1 0	1 0 1	wird die Zahl 25	=	Urkunde
Aus	0 1 1	1 0 1	wird die Zahl 35	=	Rollstuhl

Oben stehen jetzt zehn sechsstellige Binärzahlen, umgesetzt in jeweilige Zahl-Form-Bilder der entsprechenden (Dezimal-)Zahlen. Jetzt heißt es nur noch, die einzelnen Begriffe mit einem Ankersystem Ihrer Wahl zu verknüpfen. Diese Aufgabe wird Ihnen sicher recht leicht von der Hand gehen. Sie könnten aus den Zahl-Form-Bildern auch eine kleine Geschichte erfinden. Als Beispiel ein kleiner Ausschnitt aus unserem Kopfkino: Die Soldaten steigen in ein Schiff. Was haben sie mitgebracht? Ein Dreirad, auf dessen Sitz eine Bombe wackelt, die sie dann sicherheitshalber auf einen Gepäckwagen legen ... Wir sprechen oder schreiben aber nur:

100	100	010	100	000	011	101	100	010	011	←	**sprechen**
(4	4)	(2	4)	(0	3)	(5	4)	(2	3)	←	**denken**

Dass man sich mit Training altersunabhängig ständig steigern kann, zeigen die über 40-jährigen Gedächtnisweltrekordler Jan Formann und Gunther Karsten. Jan stellte 2003 bei den Gedächtnisweltmeisterschaften zwei neue tolle Weltrekorde auf: Im Zahlensprint (324-stellige Zahl in fünf Minuten) und im Zahlenmarathon (1920 Ziffern in einer Stunde). Gunthers Weltrekord aus dem Jahr 2000: Er merkte sich 400 im Zwei-Sekunden-Takt gesprochene Ziffern und gab sie korrekt wieder.

Der ebenfalls über 40-jährige Engländer Dominik O'Brien hat als Memory-Legende die Gedächtnisweltmeisterschaft 2001 in London zum siebten Mal gewonnen. Er prägte über ein Jahrzehnt unangefochten die Höchstleistungen auf dem Sektor Gedächtnis und ist Motivation für seine aktuellen und zukünftigen Nachfolger aus der ganzen Welt.

Die restlichen Binärziffern überlassen wir Ihnen – viel Spaß!

Binärzahlen kann man für alle Ja/Nein-, Ein/Aus-Entscheidungen nutzen; beispielsweise bei einer Abstimmung, wer hat dagegen/dafür gestimmt? Welches Glas ist voll? Welches leer? Wie oft links/rechts abbiegen? Oder lassen Sie eine Münze werfen: Wann kommt Kopf, wann Zahl? Karten legen: rot oder schwarz? Sicherlich haben auch Sie gute Ideen, mit Nullen und Einsen zu glänzen.

Für Furore hat bei einer Guinness-Show im deutschen Fernsehen ein Wettkampf zwischen dem amtierenden deutschen Gedächtnismeister Dr. Gunther Karsten und dem deutschen Gedächtnis-Vizemeister Jan Formann im Jahr 1999 gesorgt. Innerhalb von 60 Sekunden sollten sich beide möglichst viele Glühbirnen (an = 1 bzw. aus = 0) merken. Beide konnten sich in dieser kurzen Zeit über 70 Glühbirnen richtig einprägen, Jan als Sieger sogar noch einige mehr als Gunther.

Alle Gedächtnisprofis arbeiten ausnahmslos mit Bildern und Ankersystem-Verknüpfungen. Dass man sich mit dieser Methode sogar unglaublich viele Binärziffern (Nullen und Einsen) merken kann, hat Gunther Karsten bei der Gedächtnis-Weltmeisterschaft 2000 in London bewiesen. Dort gewann er diese Binärziffern-Disziplin, indem er nach 30 Minuten Memorierzeit (Zeit zum Einprägen) 2187 Stellen fehlerfrei wiedergeben konnte. Drei Jahre später steigerte er sich um circa 1000 Ziffern auf 3180 Binärziffern! Durch konsequentes Training ist dem Gehirn eigentlich keine Grenze gesetzt.

Spielkarten merken

Im Prinzip ist Kartenspielen immer ein gutes Gehirnjogging, da beide Gehirnhälften gleichermaßen gefordert werden. Einerseits gibt es Farben, Formen und Bilder, andererseits die Zahlen und Werte. Erinnern Sie sich? Eine Millionengewinnerin bei Günter Jauch war leidenschaftliche Skatspielerin.

Hier ein paar kleine Beispiele, wie man sich folgende Spielkarten merken könnte:

Wenn Sie einen Major-Code wählen, so könnte die Pik 2 wegen p = b = 6 des Major-Code-Bilds 62 = Bus sein etc. Auch unseren Zahl-Form-Code kann man fürs Einprägen von Karten verwenden. Wie würden Sie hierbei als Gedächtnistechnik-Entwickler vorgehen?

Das nachfolgende Beispiel zeigt eine Technik, die auf Klangassoziationen beruht. Der Anfangsbuchstabe des Codeworts bezeichnet die Farbe: T = Treff = Kreuz, H = Herz, P oder B = Pik und K = Karo.

Pik Ass = Pass	Treff Ass = Tasse
Treff Bube = Tube	Herz Drei = Hai
Karo Sechs = Keks	Karo Zehn = Katzen
Herz Ass = Hase	Karo Ass = Kasse
Treff Acht = Tracht	Herz Sieben = Hiebe
Karo Zwei (gesprochen Zwo) = Klo	Pik Zwo = Po

ÜBUNG

Wenn Sie sich nun die obigen zwölf Spielkarten schnell in der richtigen Reihenfolge merken wollen, können Sie in bewährter Manier ein passendes Ankersystem wählen und die entsprechenden Kartenbilder einhängen. Wir möchten Sie nun bitten, sich jetzt einmal nicht für einen Raum, eine Reise, Ihren Körper, die Tieruhr etc. zu entscheiden, sondern für eine strukturierte Memo-Map. Unser Vorschlag: die Details der Computer-Uhr. Diese Vorgehensweise scheint im ersten Augenblick nicht ganz nachvollziehbar, da Sie vielleicht noch nie mit Computerdetails zu tun hatten. Aber gerade dann ist das Experiment reizvoll. Sie werden überrascht sein.

Schlagen Sie nun bitte mit einer Hand die Seite mit den 24 Computerdetails auf (Seite 138), die andere Hand belassen Sie auf dieser Seite mit den zwölf zu merkenden Karten. Und nun geht's los. Erste Karte: Ihren Pass (Pik Ass) stecken Sie in das erste Bild der Computerdetails, die Tastatur. Zweite Karte: Sie drücken eine Tube (Treff Bube) auf dem zweiten Computerbild aus, der Maus. So geht es weiter bis zur zwölften Karte:

Po (Pik 2) wird auf das zwölfte Computerbild gelegt. Und lassen Sie sich nicht verunsichern. Sie brauchen gar nicht zu wissen, was Virtual Reality Tools eigentlich sind. Sie haben ja das Bild – und das reicht zum Verknüpfen. Nun schauen Sie sich nur noch die Seite mit den Computerdetails an: Wiederholen Sie doch bitte die zwölf Spielkarten! Überrascht, wie gut das klappt?

Lassen Sie Ihrer Fantasie freien Lauf beim Bilder-Erfinden der restlichen Spielkarten. Suchen Sie für jede weitere Karte einen Begriff, eine Tätigkeit, eine Person, einen Gegenstand, was Ihnen eben so einfällt, alles ist erlaubt. Sie können Ihre Merkbrücken ja für sich behalten.

Wenn Sie schon etwas trainiert sind, memorieren Sie einen ganzen gemischten Kartenstapel von 52 Karten. Schaffen Sie dies in weniger als zehn Minuten, ist das schon eine starke Leistung, die den wenigsten gelingt. Brauchen Sie keine fünf Minuten, gehören Sie zur Weltspitze und können sich sofort bei den nächsten Gedächtnismeisterschaften anmelden.

Der englische Gedächtnisweltmeister von 2002/2003 und Weltrekordhalter im Kartensprint, Andi Bell, merkt sich die Reihenfolge von 52 Spielkarten innerhalb von nur 33 Sekunden. Schon mit einer weit weniger spektakulären Leistung werden Sie Ihre Skatpartner beeindrucken können.

Einkaufsliste merken

Wenn Sie sich nun fit und stark fühlen, wagen Sie sich doch an die Einkaufsliste, die Wolfram Stanek seinerzeit im Fernsehen memoriert hat. Überlegen Sie aber bitte vorher, welches Ankersystem Sie benutzen wollen. Wir haben uns seinerzeit für die Tieruhr (siehe auch Seite 113) entschieden. Als Anregung die Bilder, wie wir uns die Liste gemerkt haben:

Wolfram Stanek: Der Affe springt auf eine Butter, reißt die Verpackung kreischend auf und graviert mit seinem Finger die Worte »200 Gramm« hinein. Der Buntspecht segelt auf die Milch(flasche), meißelt mit seinem Schnabel wie ein Maschinengewehr »1 Liter« in sie hinein usw.

Helga Zehetmaier: Der Affe cremt sich mit 200 Gramm Butter ein, bevor er sich in die Sonne legt. Der Buntspecht badet in einem Liter Milch usw.

ÜBUNG

Nun sind Sie an der Reihe. Machen Sie es spannend, und stoppen Sie Ihre Zeit. Wenn Sie unter drei Minuten liegen, senden Sie uns eine E-Mail, ein Fax, einen Brief oder eine Postkarte. Die schönsten werden wir auf unserer Homepage veröffentlichen. Der alte Rekord einer Seminarteilnehmerin liegt bei 2,30 Minuten. Diesen gilt es zu toppen. Wir wünschen viel Spaß dabei.

1. 200 g Butter	16. Kondome
2. 1 l Milch	17. Zahnseide
3. Brötchen	18. 1 Fliege
4. Pfeffer	19. Tofu
5. 10 Rollen Tapete	20. 45 g Hackepeter
6. Kekse	21. Zucker
7. 1 Tafel Schokolade	22. 15 Rollmöpse
8. Äpfel	23. Überraschungseier
9. Marmelade	24. 3 Kämme
10. Zwiebeln	25. Ohrringe
11. 4 Flaschen Bier	26. Fernsehprogramm
12. Thymian	27. Kaugummi
13. Waschpulver	28. Tortenboden
14. Enthaarungscreme	29. 100 g Tee
15. Zitrone	30. Haarspray

Achtung beim zukünftigen Einkauf! Sonst stapeln sich in Ihrem Haushalt zukünftig die Tapeten, Rollmöpse und Kämme schneller, als Sie diese verbrauchen können.

Gedichte merken

ÜBUNG

Um sich ein Gedicht einzuprägen, eignen sich alle Ankersysteme hervorragend. In dem Buch *Die Genie-Formel* von Tony Buzan und Raymond Keene wird das Busch-Gedicht *Selbstkritik* (siehe Seite 24f.) mit der Technik von Wolfram Stanek anhand des Ankersystems Körper vorgestellt und erläutert.

Lassen Sie es uns mit dem Raumsystem versuchen. Legen Sie aber vorher immer die Richtung fest. In unserem Beispiel öffnen wir die Tür und gehen nach rechts. Sie können in einem Haus mehrere solcher Raumsysteme unterbringen. Deshalb empfehlen wir, Türen, Fenster und Heizkörper nicht mit einzuplanen, da diese innerhalb eines Hauses meist identisch sind. Mit dem Raumsystem von Seite 101 merken wir uns Folgendes:

Sehen Sie, wie der kleine Willi einen viel zu großen Helm trägt und sich hinter einem Busch versteckt. Sie betreten den imaginären Raum. An erster Stelle stehen Sie vor dem Schrank und sehen, wie sich dieser selbstkritisch in einem Spiegel betrachtet, Sie öffnen den Schrank, es kullern Ihnen »viel Pfirsich« entgegen.

= *Die Selbstkritik hat viel für sich.*

Der 20-jährige Deutsche Boris-Nikolai Konrad erzielte 2004 bei 15 Minuten Memorierzeit und 30 Minuten Wiedergabezeit einen Weltrekord im Wörterlauf mit 199 gemerkten Wörtern.

Der zweite Anker ist die Blumenschale auf dem Schrank. Gesetzt den Fall, Sie würden nun dort hinaufklettern, um sich auf die Blumenschale zu setzen, wäre klar, dass Sie zu Fall kommen, und sicher würden Sie sich selbst wegen Ihrer eigenen Dummheit tadeln.

= *Gesetzt den Fall, ich tadle mich.*

Es geht weiter zum Tisch: Dort sehen Sie eine Kerze (Zahlform) auf dem Tisch stehen, sie brennt. Der Tisch ist feierlich gedeckt, an Ihrem Platz liegt das gezogene Los zum Hauptgewinn (was auch immer Sie sich wünschen: ein Auto, eine Reise, vielleicht ist es auch der Lottoschein mit sechs Richtigen).

= *So hab ich erstens den Gewinn,*

Als Viertes betrachten Sie die Vase und stellen fest, diese Vase ist wirklich hübsch, sie steht ganz bescheiden in der Ecke, am liebsten würden Sie sie umstellen.

= *dass ich so hübsch bescheiden bin;*

Der fünfte Anker ist das Wandbild: Sie sehen auf dem Berggipfel zwei Leute, bei denen lauter Denkblasen gen Himmel steigen. Worüber mögen die zwei Leute wohl nachdenken?

= *zum Zweiten denken sich die Leut,*

Aha – Sie schauen auf den sechsten Anker, das Sofa. Der Mann, der dort liegt, redet soooo laut.

= *der Mann ist lauter Redlichkeit;*

Nun kommen wir zum siebten Anker, der Stehlampe. Sehen Sie auf der rechten Seite die drei Schokoladeneier hängen – so ein Leckerbissen! Versuchen Sie, sich diese Schokoladeneier zu schnappen. Es ist schwierig, da die Lampe sehr hoch ist.

= *auch schnapp ich drittens diesen Bissen,*

Die 20-jährige Gedächtnisweltmeisterin Astrid Pleßl hält ebenfalls mehrere sagenhafte Weltrekorde. Besonders spektakulär sind ihre Gedächtnisleistungen in den Disziplinen Wörterlauf (188 Wörter in 15 Minuten Memorier- und Wiedergabezeit), Text merken (307 Einheiten in 15 Minuten), Zahlenhalbmarathon (1004 Ziffern in 30 Minuten) sowie Namen und Gesichter (151 Vor- und Nachnamen bei 15 Minuten Memorierzeit und 15 Minuten Wiedergabezeit).

Im Zusammenhang von Fakten kombiniert mit Zahlen sei die beeindruckende Leistung des aktuellen Gedächtnisweltmeisters von 2004, des Engländers Ben Bridmore, erwähnt: Bei der Disziplin historische Daten konnte er sich bei den Gedächtnisweltmeisterschaften 2004 in nur fünf Minuten sagenhafte 80 unterschiedliche Ereignisse auf Jahreszahlen bezogen merken und richtig wiedergeben.

Bevor Sie Ihren Weg weitergehen zum achten Anker, bitte runterschlucken, denn in diesem Regal stehen Ihre Lieblingskritiker, diese würden Sie gerne küssen.

= vorweg den andern Kritiküssen;

Weiter geht's zum Kamin, dem Anker Numero neun. Sie starren in das züngelnde Feuer und hoffen auf ein Zeichen, plötzlich sehen Sie vier Außerirdische mit einem Diadem.

= und viertens hoff ich außerdem

Zurück in die Realität, Sie schalten den Fernseher, Anker Nummer zehn, ein – in der Hoffnung, dass Ihnen dieser widerspricht, denn das wäre Ihnen jetzt genehm.

= auf Widerspruch, der mir genehm.

So kommen Sie denn zuletzt ganz unverletzt aus diesem Raum heraus und stellen fest, dass Sie ein ganz famoses (mit Farn und Moos bewachsenes) Haus sind.

= So kommt es denn zuletzt heraus,
= dass ich ein ganz famoses Haus.

Im gleichen Jahr erzielte Ben zwei weitere unglaubliche Weltrekorde: In fünf Minuten konnte er sich 780 Binärziffern merken und 3705 in 30 Minuten.

Sicherlich haben Sie schon lange bemerkt, dass unsere Gedanken viel schneller sind als Worte, vor allem geschriebene Worte. Sie werden außerdem feststellen, dass Sie auf diese Art und Weise das Gedicht nicht nur im Kurzzeit-, sondern im Langzeitgedächtnis verankern. Diese Zeilen werden Sie lange nicht vergessen. Und sicher werden Sie einige Gelegenheiten finden, wo das spontane Rezitieren dieses Gedichts gut ankommt.

Text merken

Die immer noch weit verbreitete Ansicht, man müsse sorgfältig und langsam lesen, um Texte zu erfassen, ist schlicht und ergreifend falsch. Im Gegenteil: Tatsächlich steigert sich Ihr Auffassungsvermögen, je rascher Sie lesen.

Nehmen Sie sich folgende Anregungen als Basis für ein schnelleres Lesen und Behalten (= Memo-Speedreading) zu Herzen:

- Noch bevor Sie zu lesen beginnen, sollten Sie sich für ein Ankersystem entscheiden, mit welchem Sie die Inhalte der einzelnen Sätze bzw. Abschnitte schon während Ihrer Lektüre verknüpfen.
- Motivieren und konzentrieren Sie sich.
- Suchen Sie nach Überschriften, Schlüsselwörtern, Schlüsselbildern und Schlüsselideen.
- Halten Sie sich nicht (zu lange) an einzelnen Wortgruppen auf.
- Murmeln Sie nicht mit.
- Versuchen Sie, schon beim ersten Überfliegen den Sinn des Textes zu erfassen.
- Wiederholen Sie nur im Bedarfsfall – kritisch, strukturierend und visualisierend.
- Versuchen Sie abschließend, den gedanklich bereits vorstrukturierten Text in eine gedächtnisstützende Skizze zu packen, in eine so genannte Memo-Map.

Geschichten erzählen ist eben eine der wichtigsten Sachen der Erziehung.

ROBERT SPAEMANN

(... und für das Gedächtnis, möchte man hinzufügen.)

Textbeispiele

Grundbedürfnisse

Hunger, Durst, Schlaf. Ziel der Befriedigung dieser Bedürfnisse ist die Homöostase, d. h. das Gleichgewicht aller chemischen und physikalischen Reaktionen im Organismus. Zu dieser Befriedigungskategorie gehört auch die Befriedigung des durch Hormone gesteuerten sexuellen Trieblebens.

Sicherheitsbedürfnisse

Der ganze Organismus sucht im Normalfall Sicherheit. Daraus resultieren die Bedürfnisse nach materieller und immaterieller Sicherheit, Stabilität, Geborgenheit, Schutz, Angstfreiheit sowie die Bedürfnisse nach Struktur, Ordnung und Gesetz.

Bedürfnis nach Zugehörigkeit und Liebe

Hunger nach liebevollen Beziehungen mit den Menschen im Allgemeinen, also nach einem Platz in der Familie oder innerhalb einer Gruppe. Man fürchtet sich vor Einsamkeit, Zurückweisung, Isolierung oder Entwurzelung. Der Hunger nach Kontakt und Intimität ist eine der Wurzeln der Sexualität.

Schnellleser erfassen drei bis sechs Wörter auf einmal, Langsamleser fixieren ein bis zwei Wörter und verharren dort sogar bis zu eineinhalb Sekunden lang. Schnelles, effektives Lesen kann man lernen!

Bedürfnis nach Achtung

Bedürfnis nach Wertschätzung der Person, nach Selbstachtung und der Achtung anderer. Zu diesem Bereich gehören auch: Bedürfnis nach Stärke, Macht, Leistung, Bewältigung, Kompetenz und Unabhängigkeit sowie der Wunsch nach Prestige, Status, Ruhm, Dominanz, Würde.

Bedürfnis nach Selbstverwirklichung

»Was ein Mensch sein kann, muss er sein!« Hieraus resultiert das Verlangen, das umzusetzen, was an Möglichkeiten in einem steckt.

Vergleichen Sie die zum Textinhalt passende Memo-Map in Pyramidenform auf Seite 153.

Ihr Terminkalender mit vielen Memo-Maps

Wenn Sie alle Kapitel dieses Buches aufmerksam gelesen haben, dann haben Sie – so hoffen wir – einige Aspekte des Universalwissens hinzugelernt oder vertieft, zum Beispiel kennen Sie die Abfolge der Planeten, und Sie können die Bundesländer nach ihren Flächen sortieren. Vor allem haben Sie erfahren, wie man unbekannte Themengebiete schnell erlernen kann.

Voraussetzung ist immer eine gehirngerechte Aufbereitung unter Verwendung effektiver Lern- und Gedächtnistechniken und dem Einsatz von fallspezifisch strukturierten Memo-Maps. Lassen Sie uns die beiden Aspekte nun verknüpfen.

ÜBUNG

Erinnern Sie sich noch an den Terminkalender von Seite 150, den wir als Memo-Map gestaltet haben? Verbinden Sie jetzt einmal den Kalender mit Aspekten des Universalwissens.

Erster Schritt: Wiederholen Sie nochmals den Terminkalender. Wie viel von diesen Terminen ist hängen geblieben?

Am Montag, um 9:15 Uhr, halten Sie einen freien Vortrag über die deutschen Bundesländer. Sehen Sie vor Ihrem inneren Auge die entsprechende Uhren-Memo-Map (vergleichen Sie nötigenfalls nochmals mit Seite 107)? Lassen Sie dieses Bild in dem entsprechenden 9:15-Uhr-Kasten des Terminkalenders herauschauen.

Zweiter Schritt: Am Dienstag fahren Sie um 11:18 Uhr mit dem Zug nach Berlin, um auf einem Kongress neueste Forschungsergebnisse über das Gehirn zu erfahren. Um mitreden zu können, lernen Sie schnell nochmals die Memo-Map Hirnnerven. Lassen Sie das entsprechende Bild aus dem Kasten mit dem Schneemann herausschauen.

Dritter Schritt: Am Sonntag redet um 9:30 Uhr der Pfarrer im Gottesdienst über die Zehn Gebote. Während er zu jedem einige Sätze verliert, bauen Sie sich ein entsprechendes »merk«-würdiges Bild und verknüpfen es in einem Ankersystem Ihrer Wahl. Die Zehn Gebote in Stichpunkten:

1. Keine anderen Götter
2. Kein Gottesbild anfertigen
3. Den Namen Gottes nicht missbrauchen
4. Den Ruhetag in Ehren halten
5. Vater und Mutter ehren
6. Nicht töten
7. Nicht ehebrechen
8. Nicht stehlen
9. Nichts Unwahres sagen
10. Nicht nach anderer Hab und Gut trachten

Können Sie mit Ihren Bildern die Zehn Gebote in der richtigen Reihenfolge wiedergeben?

Mit dieser Übung trainieren Sie beide Gehirnhälften optimal, Sie müssen sinnvoll ordnen (linke Hälfte) und bildhaft mit allen Sinnen assoziieren (rechte Hälfte). Diese ganzheitliche Methode fördert nicht nur Ihre Merkfähigkeit, sondern auch Ihre Kreativität gewaltig.

Vierter Schritt: Wählen Sie nun aus dem Buch alle für Sie interessanten Memo-Maps, Raumsysteme usw., und hängen Sie jeweils das zentrale Erkennungsbild an die weiteren vorgegebenen Termine. Sie können diese Zeitangaben natürlich auch erweitern oder kürzen. Mit etwas Übung werden Sie erkennen, dass man sich riesige Daten- und Faktenmengen auch terminlich zugeordnet überraschend schnell und – wenn man will – auch langfristig merken kann.

Bilder merken: 50 Bilder und Ausschnitte aus diesem Buch

Die Tabellen auf der folgenden Doppelseite beinhalten jeweils 50 kleine Bilder, die sich alle auf die Inhalte dieses Buches beziehen. Jedes Bild taucht in beiden Tabellen, jedoch in unterschiedlichen Feldern der Matrix auf. Hiermit können Sie verschiedene Übungen durchführen.

ÜBUNG

Erster Schritt: Testen Sie Ihre Bilderkennungsgeschwindigkeit als kleine Gehirnjoggingübung. Sie beginnen in Tabelle 1 bei Feld A1 mit unserem Einstein-Männchen (Was für ein Gedächtnis- und Lerntyp bin ich?). Finden Sie so schnell wie möglich dasselbe Bild in Tabelle 2. Sehen Sie sich nun den Kalender auf A2 an und finden Sie rasch das entsprechende Bild in Tabelle 2 usw.

Nehmen Sie die Stoppuhr zur Hand. Wenn Sie diese Übung in etwa zwei Minuten schaffen, ist Ihre Bilderkennungsgeschwindigkeit und damit Ihre Informationsverarbeitungsgeschwindigkeit spitze!

Zweiter Schritt: Investieren Sie für diese Übung etwa zehn Minuten, das entspricht im Durchschnitt zwölf Sekunden pro Bild. Betrachten Sie nun jedes Bild der Tabelle 1 (oder 2). Was fällt Ihnen bei den jeweiligen Bildchen ein? Können Sie sich noch an einige Details erinnern? In welchem Abschnitt oder Kapitel war hierüber etwas zu lesen, wo haben Sie selbst Ihr Supergedächtnis demonstriert?

Matrix-Tabelle 1

Matrix-Tabelle 2

Versuchen Sie, alle Anregungen und vorgestellten Beispiele auch auf Ihr Leben anzuwenden. Ihr Gedächtnis, Ihre Leistungsfähigkeit und Ihre Motivation werden es Ihnen danken.

Dritter Schritt: Wenn Sie Lust und mindestens 30 Minuten Zeit übrig haben, können Sie nun eine effektive Clusterübung durchführen. Nehmen Sie Bleistift, Radiergummi und einen (dicken) Block zur Hand und benutzen Sie für jedes Bild eine ganze DIN-A4-Seite. Fangen Sie mit dem Bild A1 im Zentrum an. Was fällt Ihnen alles nur zu diesem Bild ein? Gruppieren Sie Kreise um das Zentralbild und schreiben Sie Ihre Gedanken hinein.

Wenn Sie mit diesem ersten Cluster fertig sind, greifen Sie sich das nächste Bild der Matrix heraus. Wieder beginnt dasselbe Spiel. Sie werden feststellen, dass Ihnen wesentlich mehr einfällt, als Sie erwartet haben. Voraussichtlich werden Sie nach 30 Minuten die Matrix noch lange nicht durchgearbeitet haben.

Vierter Schritt: Greifen Sie sich in den nächsten Tagen oder Wochen hin und wieder ein Bildchen aus dieser Matrix. Wenn Sie beispielsweise bei B1, dem Zahl-Form-Bild für die Zahl 54, angekommen sind, versuchen Sie doch alle Zahl-Form-Bilder von 01 bis (1)00 zu wiederholen.

Fünfter Schritt: Wenn Sie durch ein Bildchen in der Matrix an Zahl-Formen erinnert werden und Sie vielleicht die 100 Wörter des 20. Jahrhunderts schon einmal memoriert haben, dann machen Sie folgenden Schnelltest: An wie viele Wörter können Sie sich noch erinnern? Können Sie vielleicht wahlfrei zugreifen? Machen Sie das gleiche Spiel für andere Buchinhalte – vor allem für die vorgestellten Memo-Maps.

Memoryprofi

Ich werde alt und lerne stets noch dazu.

SOLON

Wir haben gezeigt, wie man professionell Memory spielen kann. Überfliegen Sie kurz noch einmal die Seiten 121 bis 125. In diesem Kapitel gehen wir davon aus, dass die meisten Leser mit dem Zahl-Form-Code arbeiten (die magischen 100). Sollten Sie aber jetzt schon eine Vorliebe für den auf Seite 117 beschriebenen Major-Code entwickelt haben, können Sie Memory natürlich auch damit spielen. Für diesen Fall ist auf Seite 191 und 192 die erste Spalte noch zusätzlich mit den Zahlen-Buchstaben-Zuordnungen gekennzeichnet. Für unseren Zahl-Form-Code sind diese Merkhilfen jedoch nicht von Interesse. Bevor Sie sich die zwei Tabellen (Seite 191 und 192) genau ansehen, studieren Sie noch einmal die zwei Tabellen aus dem vorigen Abschnitt.

ÜBUNG

Memorieren Sie zu jeder (!) Position die entsprechenden Bilder als Pärchen in der Matrix-Tabelle (Seite 186 und 187) mit Ihrem gewählten Matrix-Code. Wenn Sie zum Beispiel mit unserem Zahl-Form-Code die Position des Eiffelturms mit Torero speichern, gehen Sie folgendermaßen vor: Verknüpfen Sie den Eiffelturm bzw. Torero sowohl mit dem Zahl-Form-Kaktus (= 34 = C4, C = 3. Buchstabe im Alphabet,) als auch mit dem Zahl-Form-Ringer (= 68 = F8, F = 6. Buchstabe im Alphabet) usw. Gleich welches der beiden Kärtchen als Erstes ins Visier genommen wird, Sie kennen damit sofort die entsprechende Pärchenposition. Sie werden sehen, dass diese Lernaufgabe machbar ist – obwohl für einen Außenstehenden kaum zu glauben. Im echten

Memoryspiel mit zugedeckten Kärtchen brauchen Sie sich natürlich nur immer die Position des ersten aufgedeckten Kärtchens zu merken. Neben dem Effekt, dass Sie mit Spaß Ihren Zahl-Form-Code trainieren, lernen (wiederholen) Sie natürlich auch wieder vieles aus diesen Buchinhalten. Viel Spaß bei dieser recht anspruchsvollen Gehirnjoggingübung. Wenden Sie Ihr Können im echten Memoryspiel mit Freunden und Familie an …

… und jetzt auf die Matrix-Tabellen 3 und 4 (Seite 191 und 192): Welche Bilder stehen in den leeren Feldern?

10 N					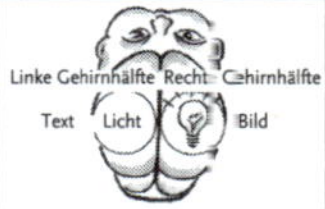
9 G			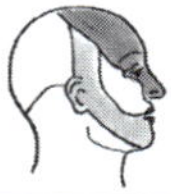		
8 F					
7 SCH					
6 B					
5 L					
4 R					
3 M		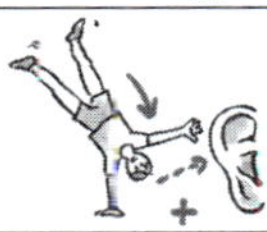			
2 S					
1 T					
Major-Code	A	B	C	D	E

Matrix-Tabelle 3

10 N					
9 G					
8 F					
7 SCH				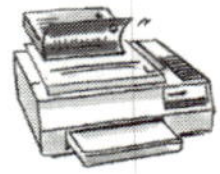	
6 B			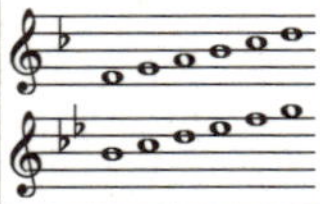		
5 L					
4 R					
3 M					
2 S					
1 T				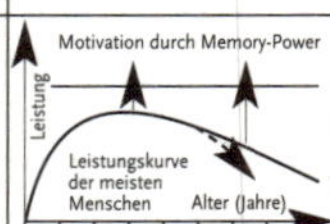	
Major-Code	F	G	H	I	J

Matrix-Tabelle 4

Zusammenfassung der Kapitel 1 bis 5

Wenn Sie jedes Kapitel dieses Buches nicht nur überflogen, sondern auch damit trainiert haben, werden Sie wahrscheinlich selbst zu der Erkenntnis gekommen sein, dass in Ihnen eine Vielzahl bislang brachliegender Möglichkeiten schlummert, von denen Sie bisher gar nichts gewusst haben.

Wenn Sie mit dieser Motivation und den in diesem Buch trainierten Techniken und Methoden zukünftig Ihr privates und berufliches Umfeld neu strukturieren und optimieren, wird – bei konsequenter Anwendung – Ihre Gedächtnisleistung altersunabhängig mit Sicherheit ständig zunehmen.

Wenn Sie außerdem Ihr ABCDE-Modell verinnerlichen und danach leben, haben Sie alles getan, um – so Gott will – ein langes, erfolgreiches und zufriedenes Leben vor sich zu haben.

Ich denke, also bin ich.

René Descartes

Lernen und nicht denken ist unnütz. Denken und nicht lernen ist zwecklos. Denken, ohne etwas gelernt zu haben, ist gefährlich.

Konfuzius

Handzeichnung einer eigenen Memo-Map

ÜBUNG

Zum Abschluss sollten Sie folgende Aufgabe angehen: Erstellen Sie – egal wie alt oder jung Sie sind – unter Berücksichtigung der vorgestellten Techniken, Strategien und Memo-Map-Varianten eine strukturierte und »merk«-würdige Mind-Map des Gelernten – Ihre ganz persönliche Memo-Map des Anti-Aging! So werden Sie den Inhalt dieses Buches verinnerlichen und nie wieder vergessen.

PISA – Vergleich zum Leistungsstand von »Lernenden«

Nicht für die Schule, sondern für das Leben lernen wir.
SENECA

Im Rahmen unseres Gedächtnistrainings darf eine Anmerkung zur viel diskutierten PISA-Studie – deren Ergebnisse für viel Wirbel gesorgt haben – nicht fehlen. PISA steht für »Programme for International Student Assessment«, das im internationalen Vergleich den Leistungsstand der Bildungssysteme bzw. der Schülerinnen und Schülern – also den »Lernenden« – einschätzen und bewerten sollte. Dass die Ergebnisse für Deutschland im internationalen Vergleich nicht erfreulich waren, ist allseits bekannt.

Die größte Kunst ist, den Kleinen (... und Großen) alles, was sie tun oder lernen sollen, zum Spiel zu machen.
JOHN LOCKE

Von der PISA-Kommission wurden folgende zentralen »Indikatoren« als *die* Einflussgrößen im heutigen Bildungssystem präzisiert:

- Lesekompetenz
- mathematische Grundbildung
- naturwissenschaftliche Grundbildung
- fächerübergreifende Kompetenzen

Zu all diesen Kernkompetenzen konnten Sie im Laufe dieses Buches schon viele grundlegende und auch anspruchsvolle Details trainieren.

Überall lernt man nur von dem, den man liebt.
J. W. VON GOETHE

Auf den folgenden Seiten können Sie nun selbst erfahren, dass auch sehr komplexe Themen wie Einsteins Relativitätstheorie – bei geeigneter Aufbereitung – überraschend schnell zu verstehen sind.

Kapitel 6

Und wenn es kompliziert wird?

Mit dem vorliegenden Lern- und Gedächtnistraining haben Sie nun vielfältige Gedächtnistechniken, Strategien sowie Mind-Map- und Memo-Map-Varianten trainieren können. Diese Techniken und Methoden lassen sich auf alle komplizierten Wissensgebiete anwenden, wie die folgenden Lernbeispiele verdeutlichen sollen.

Es wird sich zeigen, dass jede komplexe Materie – sowohl von Spezialisten als auch von Anfängern – ganz einfach verstanden und behalten werden kann, sobald der Lernstoff in lernfähiger und im wahrsten Sinne des Wortes »merk«-würdiger Weise aufbereitet ist.

Wer Bilder (Mind-Maps und Memo-Maps) zu beliebigen Themen kreativ generiert, geometrisch konstruiert und mit Memotechniken visualisiert, hat *alles*, was er braucht, immer im Kopf.

Wolfram Stanek

Kann man Einsteins Relativitätstheorie verstehen?

Lassen Sie sich bitte nicht gleich von der – im Detail berechtigten – Meinung von Physikexperten abschrecken, dass Einsteins Relativitätstheorie zu den komplexesten physikalischen Phänomenen zählt. Auf den nächsten Seiten werden Sie feststellen, dass nach diesem kurzen Einstieg in die Relativitätstheorie bei Ihnen viel mehr hängen geblieben ist, als Sie es je erwartet hätten.

Da das Erscheinen dieses Buches in das Einsteinjahr »100 Jahre Relativitätstheorie« fällt, soll ein kurzer Einstieg in diese faszinierende und spannende Thematik nicht fehlen.

Das Genie Albert Einstein hatte bereits 1905 im Alter von nur 26 Jahren verschiedene Theorien aufgestellt, die das Weltbild der Physik vollständig revolutionierten. Neben der quantenmechanischen Erklärung des lichtelektrischen Effektes (wofür er 1921 den Physik-Nobelpreis erhielt) wurde er vor allem weltberühmt durch seine »Spezielle Relativitätstheorie«, und 1916 durch seine »Allgemeine Relativitätstheorie«. Gerade diese Theorien veränderten das Verständnis von Raum, Zeit, Energie und Materie von Grund auf. Bis heute konnten viele Nobelpreisträger ihre Entdeckungen und Theorien nur auf Einsteins Fundament aufbauen.

Ziel dieses Abschnittes ist es, wichtige Phänomene der speziellen und der allgemeinen Relativitätstheorie übersichtlich (ohne Formeln) mit geeigneten Memo-Maps und einfachen Strichskizzen zu lernen.

Lesen Sie bitte die folgenden faszinierenden physikalischen Grundsätze – die alle mit Relativität und Einstein zu tun haben – konzentriert durch. Anschließend werden zentrale Textinformationen als Memo-Maps aufbereitet, die Sie an die Macht des bilderorientierten Lernens erinnern sollen. Alle ausgewählten Phänomene sind messtechnisch bestätigt.

Uns allen ist – wenn wir noch nichts davon gehört haben – kaum oder nicht verständlich, dass

- in sehr schnell bewegten Systemen die Uhren langsamer gehen sollen, als auf unserer Erde »ruhend« gemessen – und umgekehrt. Dieser Effekt heißt Einstein'sche Zeitdehnung oder auch Zeitdilatation.
- die Uhren auch dann immer langsamer gehen sollen, wenn die Schwerkraft (Gravitation) immer größer wird.
- von sehr schnell bewegten Systemen aus in Bewegungsrichtung andere ruhende Körper eine Verkürzung erfahren sollen – und umgekehrt. Diese Längenverkürzung nennt man Lorentz-Kontraktion.
- die Masse eines bewegten Körpers bei sehr hohen Geschwindigkeiten im Vergleich zur Ruhemasse immer größer wird.
- auf dem Mond (Vakuum, keine Luftreibung) eine leichte Feder genauso schnell zu Boden fällt wie eine Eisenkugel (USA-Apollo-Programm).
- massebehaftete Materie in Energie verwandelt werden kann und umgekehrt (Kernspaltung, Kernfusion, Massendefekte). Die Äquivalenz von Masse und

Wenn ein blinder Käfer an einem gekrümmten Ast entlangkriecht, merkt er nicht, dass der Ast gekrümmt ist. Ich hatte das Glück, zu bemerken, was der Käfer nicht bemerkt hatte.

ALBERT EINSTEIN

Anmerkung: Hintergrund dieses Zitates ist seine revolutionäre Theorie der »Raum-Zeit-Verkrümmung«. Außerdem zeigt die Formulierung »blinder Käfer«, dass sich dieses Jahrhundertgenie auch durch ein hohes Maß an bewundernswürdiger Bescheidenheit auszeichnete.

Energie basiert auf Einsteins bekanntester Gleichung: Jeder Körper mit der Masse m hat die Energie $E = m \cdot c^2$.

- das Licht als elektromagnetische Welle gleichzeitig auch ein Teilchen sein kann. Diese Eigenschaft bezeichnet man als Dualität von Welle und Teilchen. Einsteins Behauptung (= Postulat), dass die Lichtgeschwindigkeit – unabhängig von Lage, Richtung und Bewegung der Objekte – immer konstant, aber nicht unendlich groß ist, wurde auch messtechnisch bestätigt.
- wir beim Blick in den abendlichen Sternenhimmel nie die Gegenwart, sondern immer nur die Vergangenheit sehen. Da die Lichtgeschwindigkeit konstant, aber endlich ist, braucht das Licht auch Zeit, bis es bei uns auf der Erde angekommen ist. Wenn die Sonne erlöschen würde, bekämen wir das erst circa acht Minuten später mit. Wenn Milliarden von Lichtjahren entfernte Sterne ihr Licht vor Milliarden von Jahren zu uns gesandt haben, kann es sein, dass wir am Himmel Sterne sehen, die es schon seit Milliarden von Jahren gar nicht mehr gibt.
- das Licht von großen Massen (zum Beispiel der Sonne) abgelenkt und sogar eingefangen werden kann. Letzteres bewirken die so genannten »Black Holes« oder Schwarzen Löcher. Diese Schwarzen Löcher haben nicht selten eine Masse, die milliardenmal größer ist als die unserer Sonne, und sind gleichzeitig wahre »Fress-Monster«: So können sie tausende von Sonnensystemen verschlingen – und sogar Licht, das aufgrund der unvorstellbaren Schwerkraft dieser

hungrigen Giganten in der Regel nicht mehr aus ihnen entweichen kann.

- wir, da das Licht durch Schwerkraft (Gravitation) abgelenkt werden kann, viele fiktive Sterne am Himmel sehen, während sich die tatsächlichen Sterne – für unser Auge unsichtbar – an ganz anderer Stelle befinden.
- der Schwerkrafteinfluss auf die Zeit aus der allgemeinen Relativitätstheorie, neben den Auswirkungen der geschwindigkeitsabhängigen speziellen Relativitätstheorie, ein entscheidender Faktor bei der technischen Realisierung unserer heutigen satellitengesteuerten Autos mit GPS (Globale Positionierungssysteme) ist. Damit die Satelliten genau wissen, wo sich das jeweilige Auto gerade befindet, werden diese relativistischen Einflüsse (sowohl unter Berücksichtigung der speziellen als auch der allgemeinen Relativitätstheorie) permanent mit Atomuhren korrigiert und synchronisiert.
- man mit einfachen Memo-Maps schon erste Grundprinzipien von Einsteins Weltbild der »Raum-Zeit-Verkrümmung« merkfähig – in Gummi-Membran-Analogie denkend – visualisieren und abrufen kann.

Auch wenn uns diese spannenden Phänomene rund um die Relativitätstheorie fesseln, werden wir ohne geeignete Visualisierung mit richtig aufbereiteten Memo-Maps Probleme haben, alles beim ersten Durchlesen zu behalten, geschweige denn richtig wiederzugeben. Deshalb studieren Sie nun die folgenden Memo-Maps zu dieser Thematik. In Form von Bildern können Sie sich

Albert Einsteins Innovationen entsprangen der Fähigkeit, räumliche Bilder, mathematische Formelhaftigkeit, empirische Erscheinungen und elementare philosophische Probleme zusammen zu denken. So konnte Einstein auch als »ewiges Kind« spielerisch die größten Rätsel seiner Zeit lösen.

HOWARD GARDNER
Psychologe, Harvard Universität

wichtige Phänomene recht schnell merken. Im darauf folgenden Check können Sie selbst testen, wie viel hängengeblieben ist.

Man unterscheidet immer zwischen der *Speziellen* Relativitätstheorie (= Standpunktlehre ohne Berücksichtigung der Schwerkraft bzw. Gravitation) und der so genannten *Allgemeinen* Relativitätstheorie (unter Berücksichtigung interdisziplinärer Einflüsse wie der Gravitation). Diese Theorien sind im Detail mathematisch und physikalisch sehr komplex. Wirkungen dieser Phänomene können wir uns dennoch als *Bilder* und in Analogien denkend recht gut einprägen, ohne die mathematischen Formeln selbst kennen zu müssen.

Zeitdehnung durch hohe Geschwindigkeit

Ein Astronaut sieht in seinem Raumschiff einen Tischtennisball oder einen Lichtpunkt (Annahme: konstante Geschwindigkeit) senkrecht hüpfen, der Betrachter von der Erde aus aber sieht einen schrägen und längeren Weg. So erscheint dem Erdling die Zeit bis zum Auftippen länger (= gedehnt) als dem Astronauten, und damit scheint auch die Raumschiffuhr langsamer zu gehen.

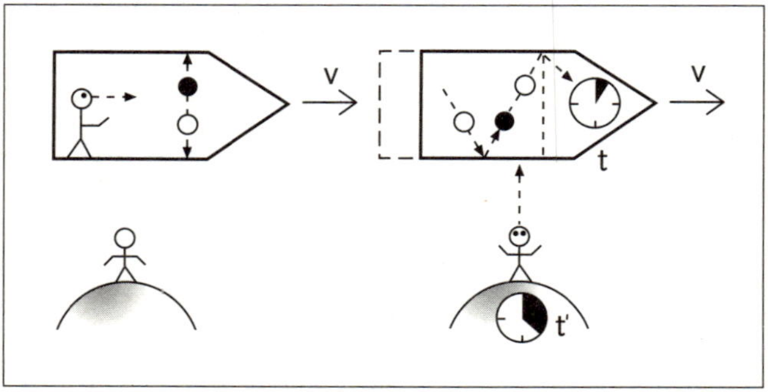

Längenverkürzung durch hohe Geschwindigkeit

Ein Lokführer steht mit seiner Lok am Bahnsteig und sieht diesen in seiner ganzen Länge L. Rast er aber mit hoher Geschwindigkeit an diesem Bahnsteig vorbei, dann erscheint ihm dieser (in Bewegungsrichtung) auf die Länge L' verkürzt. Wie bei der Zeitdehnung ist der relative Betrachterstandpunkt entscheidend.

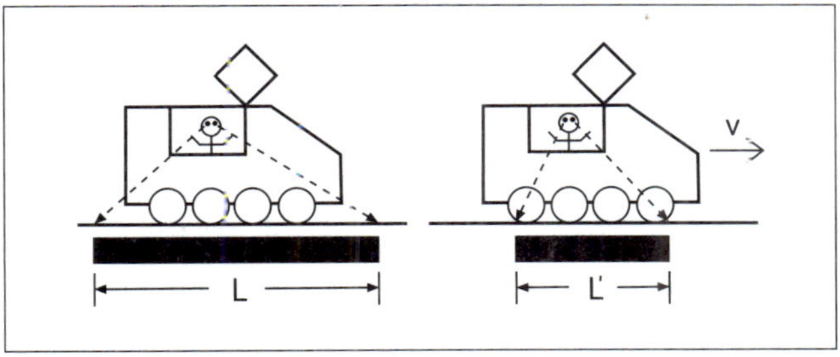

Lichtablenkung durch große Masse

Am Sternenhimmel sehen wir nicht nur reale sondern auch fiktive Sterne, da das Licht von großen Massen (Sonnen etc.) abgelenkt wird. Reale Sterne sind dann ganz woanders – oder längst erloschen! Wir sehen, was dort gar nicht mehr existiert!

Es gibt wunderbare Grafiken zu jedem dieser relativistischen Phänomene. Um diese auch schnell selbst zeichnen zu können, wird hier das jeweilige Prinzip in möglichst einfachen Skizzen erläutert. Diese Vorgehensweise basiert auf einem zentralen Prinzip der Lern- und Gedächtnistechniken: so einfach wie nur möglich verschiedene Themen lernen und mit einfachsten Mitteln merkfähig aufbereiten.

Zeitdehnung durch große Schwerkraft

Diesen bestätigten, aber schwer verständlichen Effekt merken Sie sich am besten mit folgender Memo-Hilfe: Uhrzeiger gehen schwerer (= langsamer), je dichter gepackt (= größere Masse) das ganze Uhrwerk ist.

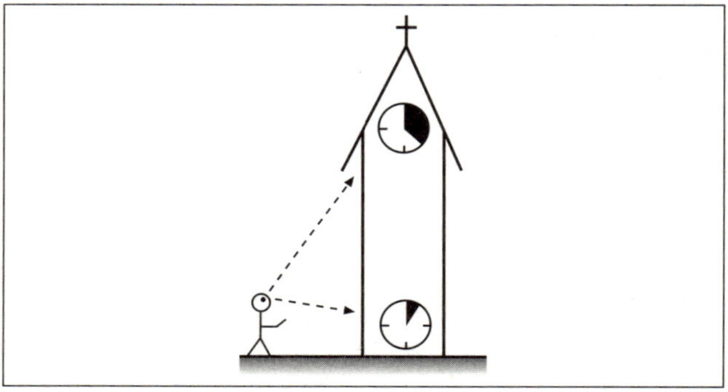

Lichtgeschwindigkeit immer konstant

Bitte merken Sie sich:

c = 300 000 km/s (genauer: 299 792 ... km/s)

Dieses Einstein-Postulat wurde von Albert Abraham Michelson messtechnisch bewiesen, wofür er 1907 den Physik-Nobelpreis erhielt.

Massenablenkung anderer großer Massen durch Verkrümmung des Raums

In der folgenden Skizze sehen Sie eine Sonne (S) mit einem Planeten (P), die gerade von einem »Black Hole« (B) = Schwarzes Loch durch Gravitation über eine so genannte Akkretionsscheibe eingesaugt und »gefressen« werden. So hat etwa das Schwarze Loch in Galaxie M87 eine Akkretionsscheibe von 130 Lichtjahren (1 Lichtjahr = 9,5 Billionen Kilometer) und eine zweimilliardenfach größere Masse als unsere Sonne.

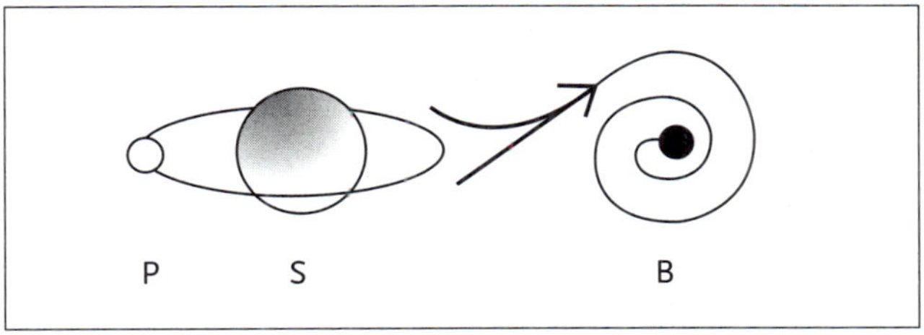

Raum-Zeit-Verkrümmung

Die folgende Grafik zeigt ein Memo-Map von Einsteins Weltbild der »Raum-Zeit-Verkrümmung« anhand des oben skizzierten Systems galaktischer Massen. Die Raumverkrümmung ist verständlich, wenn auf gespannten, unzerreissbaren Gummimembranen »Kugeln« rollen, die diese je nach Gewicht entsprechend verformen. Das »Black Hole« wäre dann der tiefe Eindruck eines sehr langen »Nagels«. In einem »Black Hole« mit gigantischer Masse steht die Zeit praktisch still.

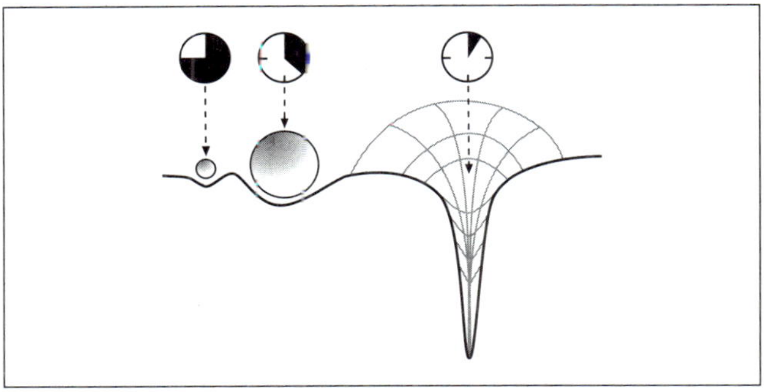

ÜBUNGEN

Bei den Fragen 1 bis 11 wird vorausgesetzt, dass Sie die vorherigen Seiten konzentriert durchgelesen und versucht haben, möglichst viel zu verstehen und zu memorieren.

Wenn Sie alle Memo-Maps zu den jeweiligen Aspekten der Relativitätstheorie im Kopf haben, werden Sie auch als Nicht-Physiker ohne vorherige Kenntnisse auf diesem Gebiet viele der folgenden Fragen richtig beantworten können – und wahrscheinlich auch nicht mehr vergessen.

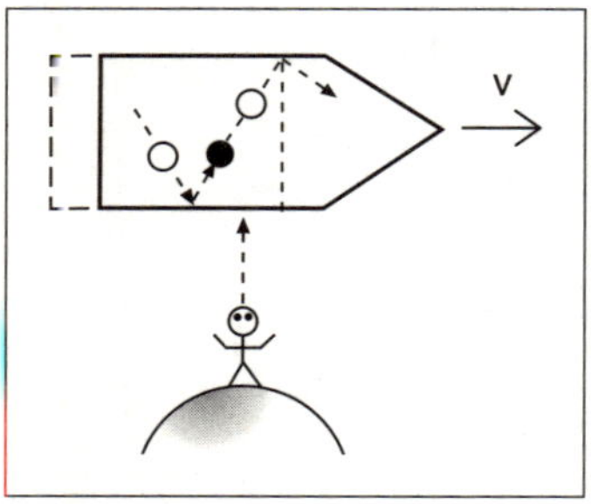

Frage 1: Geht von der Erde aus betrachtet die Uhr im Raumschiff langsamer oder schneller?

Frage 2: Wie heißt dieses Phänomen?

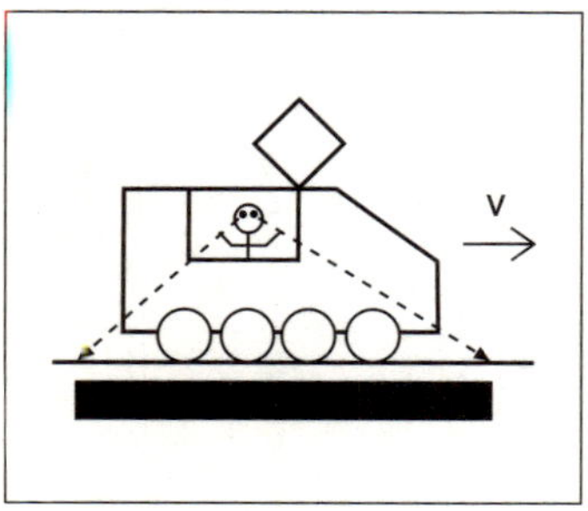

Frage 3: Erscheint Ihnen vom schnell fahrenden Zug aus der Bahnsteig kürzer oder länger?

Frage 4: Wie heißt dieses Phänomen?

Frage 5: Ergänzen Sie das rechte Bild so, dass klar wird, warum man zwei Sterne sehen kann, obwohl es nur einen Stern gibt.

Frage 6: Wie groß ist die Lichtgeschwindigkeit?

Frage 7: Jede Masse hat eine spezielle Gesamtenergie. Wie lautet die berühmteste Einstein-Formel?

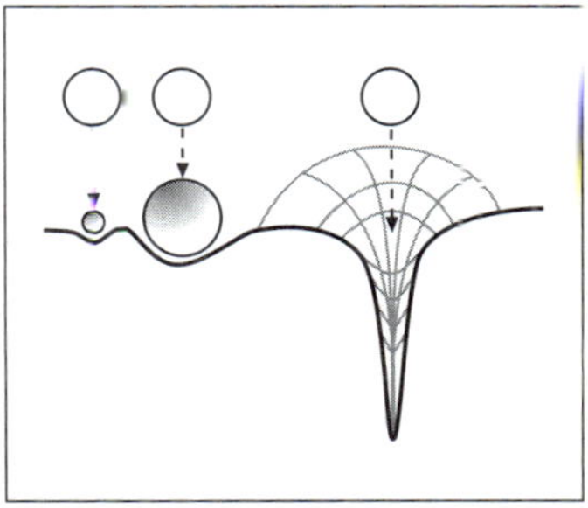

Frage 8: Tragen Sie die fehlenden Informationen in den rechten Kurvenzug zur »Raum-Zeit-Verkrümmung« ein. Was beschreibt die Kurve?

Frage 9: Welche der Uhren in der Skizze rechts geht langsamer, die oben oder unten?

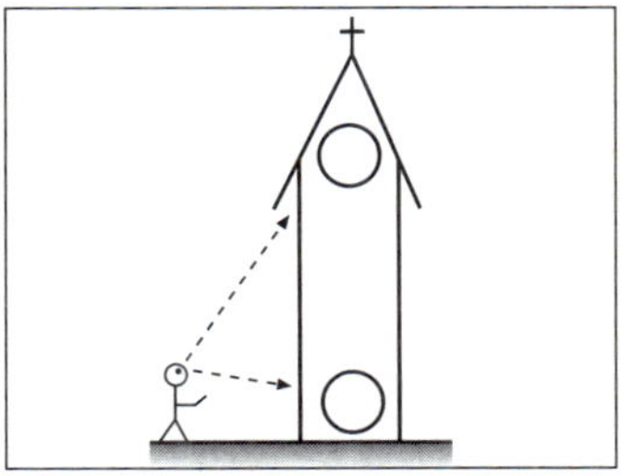

Frage 10: Wo und warum fallen Kugel und Feder gleich schnell?

Frage 11: Warum sehen wir beim Blick in den Sternenhimmel nur die Vergangenheit?

Kann man schwierige Sprachen schnell lernen?

Auf Seite 141 haben wir trainiert, wie man die schwierigen lateinischen Namen der Hirnnerven schnell lernen kann. Die gleiche Technik lässt sich auch auf alle anderen Sprachen anwenden. Die folgenden Anregungen sind für das Lernen von Sprachen sehr nützlich:

Englisch

Französisch

- Verbildlichen Sie Wörter auch als Schriftzug (siehe Beispiele links).
- Bei Sprachen mit unterschiedlichen Artikeln (der, die, das) sind oft Verwechslungen vorprogrammiert. Das Problem lässt sich leicht lösen, wenn Sie solche Wörter mit einem Mann (der), einer Frau (die) oder einem Kind (das) visualisieren. »Die Sonne« hat im Deutschen ein weibliches Gesicht, im Französischen »le soleil« (links Sonne mit Schnurbart und Eiffelturm-Hut) hingegen ein männliches Konterfei. »Die Tomate« schmeckt einer Französin »la tomate«, im Spanischen »el tomate« jedoch nur einem Mann etc.
- Folgendes Beispiel zeigt eine neue Möglichkeit, Bilderketten als Sätze mit Aussprache und *gleichzeitiger Übersetzung* in beide Sprachen zu generieren. Durch unsere Bitte [*»Nimm Dir«* eine **»Toma-te«**], könnten Sie in kurzer [*»Zeit«* mit **»Tempo«**] auch [*»zu«* einem **»para«**diesischen] Spaß kommen: Ein spannendes Buch [*»lesen«* bis es **»leer«**] ist.
  Deutscher Satz: *»Nimm Dir Zeit zu lesen«* (dieses Buch). Spanischer Satz: **»Toma te tiempo para leer.«**

Chinesische Schriftzeichen, deren Aussprache und Tonlage sind bei schematischem Auswendiglernen meist sehr schwer zugänglich. Mit der von der Sinologin Dr. Dagmar Gürtler und Wolfram Stanek entwickelten integrierten Lernmethodik in ihrem Buch »Memory Power Chinese« fällt jedoch auch das Erlernen dieser Sprache leicht, wie die folgenden Beispiele zeigen.

► Ergänzen Sie alle chinesischen Schriftzeichen so, dass deren Bedeutung sofort ersichtlich ist. Rechts ist eine mögliche Memo-Map-Erweiterung für die chinesische »Frau« mit allen Infos für Schrift und Sprache zu sehen: Die Aussprache ist aus Hals »n« und Brust »ü« abzulesen (»nü«), die Schreibweise wie auch die Tonlage gehen aus dem Akzentzeichen, das das Kinn formt, hervor. Ausgesprochen wird »nü« von mittlerer Stimmlage abfallend und wieder ansteigend. Die Tonlage (bis zu 5 Tonhöhen) ist im Chinesischen sehr wichtig: So bedeutet beispielsweise »ma« von mittlerer Stimmlage abfallend und wieder ansteigend ausgesprochen »Pferd«, hoch gesprochen »Ma(ma)«, von der Mitte nach oben ansteigend »Hanf«, von hoch nach tief abfallend »schimpfen« und ohne Akzent in mittlerer Tonhöhe einfach nur »Frage?«.

Chinesische Schriftzeichen, Bedeutung, Tonhöhe, Aussprache und Schreibweise in nur einem Bild gelernt!

Chinesisch

Mit 1,3 Milliarden Einwohnern ist der Wirtschaftsgigant China das bevölkerungsreichste Land der Erde und auch die weltweit größte Sprachgemeinschaft. Chinesisch als internationales Kommunikationsmittel ist heute in den Rang einer Weltsprache aufgerückt. Dies ist auch an einem wachsenden Angebot an Sprachkursen, am Schulfach Chinesisch sogar im Abitur und an ständigen Fragen »Wie lernt man schnell Chinesisch?« in unseren Seminaren abzulesen.

Im mittleren Bild wird das »Ohr« (links) von einer zangenförmigen »Hand« gepackt, bedeutet: »nehmen«. Mit »Frau« verknüpft bedeutet also »eine Frau heiraten«.

- Die Verbildlichung der unten gezeigten Schriftzeichen als Bilder und Sinnkombinationen ist eine sehr gute Kreativitätsübung: So könnte »Ruhe« und »Frieden« einkehren, wenn eine »Frau« unter dem (Flach-)»Dach« (mit Kamin) ist.

安	取	娶
Friede, Ruhe	nehmen	die Frau heiraten

- Bei neuen Cluster-Kreationen werden gleich ganze Ketten von Schriftzeichen gelernt: Wenn ein »Mensch« als Zweibeiner seine Arme ausbreitet und sich »groß« macht, ist das »großartig«. Auch der größte Mensch hat noch den »Himmel« über sich (Linie über seinem Kopf). Aber einer, der doch über den Himmel hinausragt, ist der »Ehemann«.

Cluster-Technik mit ähnlichen chinesischen Schriftzeichen.

人	大	天	夫
Mensch	groß, großartig	Himmel	Ehemann

Diese Beispiele für Sprachen, Relativitätstheorie etc. haben sicher gezeigt, dass Sie jeden komplizierten Lernstoff – merkfähig aufbereitet – schnell im Kopf haben können.

Neues Lernen mit Methode und Memo-Maps

Gedächtnistraining ohne Lerninhalte ist gutes Gehirnjogging. Aber Lernen ohne Gedächtnistraining sollte man für immer vergessen!

Wolfram Stanek

In den Kapiteln 1 bis 5 dieses Lern- und Gedächtnistrainings haben Sie zwar schon vielfältige Methoden, Gedächtnistechniken, Strategien sowie Mind-Map- und Memo-Map-Varianten in unterschiedlichster Form – oft sehr spielerisch – trainieren können. Greifen Sie sich bitte – je nach Lust, Laune oder persönlichem Bedarf – Schwerpunkte aus unserem Buch heraus, um sie zu intensivieren.

Das Kapitel 6 »Und wenn es kompliziert wird?« hat Ihnen sicher zusätzlich vor Augen geführt, dass sich unser Gedächtnistraining auf jeden noch so komplizierten Bereich unseres heutigen Wissens ausdehnen und wunderbar anwenden lässt.

Durch richtiges Kombinieren Ihrer eigenen Kreativität mit den von uns vorgestellten vielschichtigen Lern- und Gedächtnis-Methoden und dem Schwerpunkt *Memo-Maps* werden Sie mit jeder Lernaufgabe zu Ihrem eigenen kreativen Erfinder: *Wie* (er)finde ich einen »Königsweg«, auf dem ich alles, was ich lernen will, besonders schnell und dauerhaft in mein Gedächtnis bekomme und im Bedarfsfall schnell wieder abrufen kann?

Wenn konsequent in allen Aus- und Weiterbildungsformen, Vorschule, Schule, Studium und Beruf links- und rechtshirnig mit den in diesem Buch gezeigten Methoden kreativ trainiert werden würde, wäre das bekannte PISA-Problem schnell und sicher in den Griff zu bekommen. Eine breitbandige Leistungssteigerung wäre vorprogrammiert.

Besonders spannend ist in diesem Zusammenhang sicher auch, dass beim Erlernen unterschiedlicher Themen – gerade, wenn diese recht schwierig sind – unsere eigene Kreativität permanent gefordert ist. Sie ist der zentrale Schlüssel, um unbekannten Lernstoff erst einmal richtig aufzubereiten, damit er überhaupt lernfähig wird.

Lassen Sie sich bitte auch durch diese abschließenden Worte anregen, schwierige Aufgaben aus Ihrem schulischen oder beruflichen Leben selbst so aufzubereiten, dass diese für Sie besonders einprägsam, schnell lernfähig und immer sofort abrufbar sind. Unser schlummernder Riese *Gedächtnis* wird ohne Training und sinnvolle Anwendungen in unserem Leben nicht motiviert sein, uns beim Lernen zu helfen. In den meisten Fällen auch deshalb, weil er permanent von uns selbst als scheinbarer Gedächtniszwerg verkannt worden ist.

Vergessen Sie bei aller Lernmotivation jedoch nie, dass ein gesamtheitliches Lernen aus verschiedenen verzahnten Komponenten unseres Lebens besteht: BRAIN-POWER, die jeder hat, ist Voraussetzung für jedes Lern- und Gedächtnistraining. Aber ohne Verinnerlichung der ABCDE-Lebensbasis werden wir nie unser Optimum ausschöpfen.

Wenn Sie plötzlich erkennen, dass Sie viel schneller als vorher je geglaubt unbekannten – oft sehr schwierigen – Stoff lernen und ihn auch noch behalten können, sind Sie sicher hoch motiviert. Dank dieser neuen Motivation werden sich auch Ihre Emotionen schlagartig verbessern, was sich wiederum optimal auf unser »ABCDE« auswirkt.

Mit Hilfe unseres Lern- und Gedächtnistrainings und *Ihrer* Kreativität können Sie Ihren jetzt geweckten Gedächtnisriesen für Ihre persönlichen Aufgaben motiviert trainieren und erfolgreich einsetzen. Und dann wird *lernen* nicht mehr mit Frust verbunden sein, sondern mit unheimlichem *Spaß* auch den gewünschten *Lernerfolg* bringen.

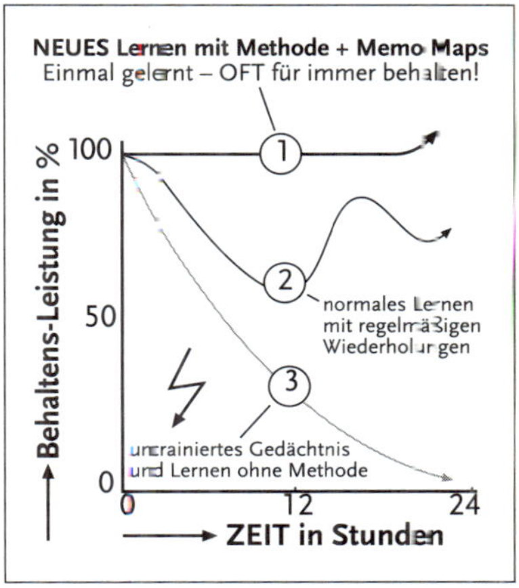

Eine abschließende Bitte der Autoren an alle Leser dieses Buches: Setzen Sie bitte *Ihr* Gedächtnis und *Ihre* Kreativität so ein, dass Sie nur nach den Kurven 1 und 2 und *nie* nach der Kurve 3 lernen.

Anhang

Lösungsvorschläge

Vorschläge für Check 7

1. Tasse, Tesa, Seat, Set, Ast
2. Teer, Ort, Ratte, Rat, Rate
3. Same, Saum, Maus, Moos, Masse
4. Sage, Säge, Gas, Guss, Gasse
5. Lüge, Logo, Gülle, Geil, Lage
6. Bier, Bar, Beere, Rabe, Raub
7. Rasch, Schere, Schar, Schauer, Rüsche
8. Feile, Falle, Folie, Life, Fell
9. Papa, Pappe, Pop, Piep, Popo
10. Taufe, Tief, Tofu, Foto, Fett

Vorschläge für Check 8

1. *hoch* = Stimmung, hoch gewachsen, Wolken, Hochhaus, Hochdruck
2. *Zimmerpalme* = Datteln, Stechen, Oase, Pflanzen, Palmenstrand
3. *stark* = auftragen, Albert Einstein, Gedächtnis, Muskeln, Riese
4. *schnell* = im Bett, Denken, Lesen, Sprechen, Laufen
5. *schön* = Atmosphäre, Geist, Körper, Gesicht, Natur

6. *Gehirn* = Emotionen, Balken, linke und rechte Hälfte, Synapsen, Nerven
7. *Religion* = Islam, Christen, Bibel, Jesus, Gott
8. *Schnee* = Weihnachten, Schneemann, Schneeschaufeln, Lawine, Skifahren
9. *süß* = Eis, Naschen, Mädchen, Bonbon, Baby
10. *Tagesschau* = Wetterbericht, Persönlichkeiten, Arbeitslosigkeit, Katastrophen, aktuelle Informationen

Vorschlag zu Check 10

1. Tacker
2. Bleistift
3. Feuerzeug
4. Spitzer
5. Schere
6. Uhu
7. Tasse
8. Buch
9. CD
10. Batterie

Vorschlag zu Check 11

80, 93, 36, 72, 37, 89, 54, 90, 21, 63

Die 100 Wörter des Jahrhunderts*

Aids
Antibiotikum
Apartheid
Atombombe
Autobahn
Automatisierung

Beat
Beton
Bikini
Blockwart
Bolschewismus

Camping
Comics
Computer

Demokratisierung
Demonstration
Demoskopie
Deportation
Design
Doping
Dritte Welt
Drogen

Eiserner Vorhang
Emanzipation
Energiekrise
Entsorgung

Faschismus
Fernsehen
Film
Fließband
Flugzeug
Freizeit
Führer
Friedensbewegung
Fundamentalismus

Gen
Globalisierung

Holocaust

Image
Inflation
Information

Jeans
Jugendstil

Kalter Krieg
Kaugummi
Klimakatastrophe

* Quelle Rheinzeitung Nr. 72 vom 26. 3. 1999

Literatur

Buzan, Tony; Stanek, Wolfram: »*Memory Power. Die Gebrauchsanweisung für Ihr Gehirn.*« MIDENA-Verlag, Augsburg 1999: Kompakte Informationen und Anleitungen zum Lernen und Gedächtnis mit Einflussfaktoren, Einführung in zentrale Mnemotechniken, Major-Codes und Mind-Mapping mit praxisbezogenen Beispielen. Laut Deutsche Ausgleichsbank ein echter Klassiker (Internet-Referenz).

Cassing, Wilhelm; Stanek, Wolfram u. a.: »*Elektromagnetische Wandler und Sensoren.*« expert-Verlag, Renningen 2002. Aus dem Blickwinkel der Elektrodynamik zentrale physikalische Disziplinen auch mit Analogien und Mnemotechnik abgeleitet.

Birkenbihl, Vera F: »*Stroh im Kopf? Gebrauchsanleitung fürs Gehirn.*« mvg-Verlag, Landsberg am Lech 1999: Ein vielschichtig anregendes und hilfreiches Buch für jeden, der sein Lernen und sein Gedächtnis verbessern will.

Buzan, Tony: »*Kopftraining. Anleitung zum kreativen Denken. Tests und Übungen.*« Goldmann-Verlag, München 1999: Mit diesem Buch versteht man besser, wie unser Verstand arbeitet und wie man ihn vielschichtig einsetzen kann.

Buzan, Tony: »*Nichts vergessen. Kopftraining für ein Supergedächtnis.*« Goldmann-Verlag, München 2000: Mit Hilfe dieses systematisch aufgebauten Programms werden die Leistungen des Gedächtnisses mit Sicherheit gesteigert.

Buzan, Tony: »*Power Brain. Das Tony Buzan Training. Besser denken, mehr behalten, Neues leichter aufnehmen.*« mvg-Verlag, Landsberg am Lech 1999: Verschiedene Methoden, Hinweise für das tägliche Leben und erweiterte Major-Codes werden ein schnelleres Lernen auch von Fremdsprachen erleichtern.

Buzan, Tony: »*Speed Reading: Schneller lesen, mehr verstehen, besser behalten.*« mvg-Verlag, Landsberg am Lech 1999: Mit den vorgestellten Speedreading-Techniken werden Sie sicher erheblich schneller als bisher lesen können.

Buzan, Tony; Keene, Raymond: *»Die Genie-Formel.«* mvg-Verlag, Landsberg am Lech 1999: Zahlreiche Tipps, wie man sein Genie zum Leben erwecken kann.

Buzan, Tony; North, Vanda: *»Mind Mapping. Der Weg zu Ihrem persönlichen Erfolg.«* hpt-Verlag, Wien 1997: Gute Einführung in Mind-Map-Techniken.

Gürtler,Dagmar; Stanek, Wolfram: *»Memory Power Chinese.«* in Vorbereitung, Erscheinung 2006: Ein neuer Weg für alle, die die chinesische Sprache und die komplizierten Schriftzeichen besonders schnell lernen wollen oder müssen.

Hancock, Jonathan: *»Das Gedächtnis der Sieger.«* Knaur Verlag, München 1996: Der Gedächtnisweltmeister von 1994 erläutert praktikable Aspekte des Memorierens und Lernens.

Hawking, Stephen: *»Die illustrierte kurze Geschichte der Zeit.«* Rowohlt-Verlag, Hamburg 2000: Ein Physikgenie erklärt unterhaltsam und verständlich in Bildern spannende Phänomene von Einstein bis zum Weltall.

Kolb, Klaus; Miltner, Frank: *»Gedächtnistraining.«* Gräfe und Unzer Verlag 1997: Dieses Taschenbuch liefert viele nützliche Trainingsmöglichkeiten fürs Gedächtnis.

Lorayne, Harry: *»Wie man ein Super-Gedächtnis entwickelt.«* Frederick Fell, Inc.Publishers, New York, 1957: Der Vordenker der Mnemotechnik führte schon vor 50 Jahren plastisch durch die wichtigsten Methoden, auf denen heutige Memobücher aufbauen!

O'Brien, Dominic: *»How to develop a perfect memory.«* Headline Book, Publishing, London 1993: Ein Buch des siebenfachen Gedächtnisweltmeisters für unterschiedlichste Anwendungen – ein Insidertipp nicht nur für Gedächtnisprofis.

Staub, Gregor: *»Mega Memory.«* Birkenbihl-Media 1996: Eine Kurzeinführung ins Gedächtnistraining mit pfiffigen Vorschlägen für verschiedene Bereiche.

Internetadressen

- Stanek, Wolfram: Internetportal Interdisziplinäres Lern-, Gedächtnis-, Kreativitäts- und Kommunikationstraining: Seminare, Workshops, Coaching, Forschung, Entwicklung: **www.wolfram-stanek.de**
- Zehetmaier, Helga: Kreatives Lern- und Gedächtnistraining, Malerei: Seminare, Workshops, Ausstellungen: **www.helga-zehetmaier.de**
- HJP-Multimedia GmbH: **www.hjp-multimedia.de** Dieser interaktive Gedächtnistrainer (CD-Version) ist für Assoziations- und Gedächtnisübungen empfehlenswert.
- Gesellschaft für Gedächtnis- und Kreativitätsförderung: **www.memoriade.net**
- Europäische Gesellschaft zur Förderung des Gedächtnisses: **www.memoryxl.de** Umfassende Informationen zu Gedächtnismeisterschaften, Rekorden und Gedächtnistests für Wettkämpfe.
- Portal für Tests: **www.testedich.de** Interessante Linksammlung zu Tests aus allen Bereichen von Denk- und Gedächtnistests, Gesundheitstests bis Intelligenztests.
- Think-Online: **www.ravensburger.de** Anregende Online-Spiele mit Denksportaufgaben, speziellen Gedächtnistests und Hintergrundinformationen.
- Deutsches Online-Wissensportal: **www.wissen.de** Zahlreiche Informationen zu Allgemeinbildung, Lernen, Weiterbilden, Definitionen ... und das alles kostenfrei
- Englisches Online-Wissensportal: **www.britannica.com** Die beste Wissensquelle im Web, die Encyclopaedia Britannica ... aber leider gebührenpflichtig.

Im Rahmen INNOvativer PROjekte ist dieses Buch Basis für internationale Seminare von Prof. Dr. Wolfram Stanek in den Bereichen Neues Lernen, Gedächtnis, Kreativität, Kommunikation und Speed Reading, für das Buchprojekt »Memory Power Chinese« mit Chinesign sowie für gemeinsam mit der Co-Autorin Helga Zehetmaier Lern- und Gedächtsnistrainings (INNO-PRO-Seminare) mit Teilnehmer-Referenzen im Buch.

Weitere Informationen über uns finden Sie im Internet:

www.innopro.de *oder*
www.wolfram-stanek.de *oder*
www.helga-zehetmaier.de

Kontakt zu uns hinsichtlich weiterführender Seminare, Workshops, Coaching und Firmen-Events rund um

»Kommunikation, Lernen, Gedächtsnistraining,
Memo Speed Reading und Wissensmanagement«

unter folgenden Adressen:

Helga Zehetmaier
INNOPRO Innovative Projekte
E-Mail: info@innopro.de

oder

Prof. Dr. Wolfram Stanek
Automation-Systemtechnik-Magnettechnik-Mnemotechnik
PowerLearning-Communication-Knowledge Management
Bergstraße 10, D-56281 Hungenroth b. Koblenz
Telefon: (+49) (0) 6746-1500
E-Mail: stanek@fh-koblenz.de (für Seminare und Projekte)
E-Mail: wolframstanek@yahoo.de (für Coaching-Anfragen)

Register